2011 JINAN DAXUE HUAQIAO DAXUE LIANGXIAO LIANZHAO
QUANGUO LIANZHAO KAOSHITI JIEJI

2011 暨南大学华侨大学两校联招 全国联招 考试题解集

主编 何修文 张训涛

暨南大学出版社
JINAN UNIVERSITY PRESS

中国·广州

图书在版编目（CIP）数据

2011暨南大学华侨大学两校联招、全国联招考试题解集／何修文，张训涛主编．—广州：暨南大学出版社，2012.2
ISBN 978-7-5668-0120-3

Ⅰ.①2011…　Ⅱ.①何…②张…　Ⅲ.①课程—高中—题解—升学参考资料
Ⅳ.①G632.479

中国版本图书馆CIP数据核字（2012）第024588号

出版发行：暨南大学出版社

地　址：中国广州暨南大学
电　话：总编室（8620）85221601
　　　　营销部（8620）85225284　85228291　85228292（邮购）
传　真：（8620）85221583（办公室）　85223774（营销部）
邮　编：510630
网　址：http：//www.jnupress.com　http：//press.jnu.edu.cn

排　版：广州市天河星辰文化发展部照排中心
印　刷：佛山市浩文彩色印刷有限公司

开　本：787mm×1092mm　1/16
印　张：11
字　数：273千
版　次：2012年2月第1版
印　次：2012年2月第1次
印　数：1—3000册

定　价：33.00元

前 言

为了帮助指导港澳地区、台湾省、海外华侨、华人及其他外籍学生报考暨南大学、华侨大学（简称两校）以及全国其他高等学校，我们组织了语文、数学、英语、历史、地理、物理、化学、生物八科多年从事联招教学、阅卷的教师（林娟、温宗军、白海溶、袁忠群、顾红、李丽娜、黄显麟、张训涛、赖章荣、岑文、张卓、谢益民、刘家有、刘岑枫、谭学功、陈芳、杨慧、覃儒奎、邓世军、黄淑萍、何修文、唐景阳、崔英超、黄小黎、蔡贤榜、姚蓓、李莹、李志红、谢晓华、何红卫)，在总结和研究历年及2011年的两校联招与全国联招考试命题和考查方向的基础上，编写了2011年两校联招和全国联招考试真题解析集。

由于作者水平有限，编写中难免出现错漏，恳请广大师生予以指正。

编　者

2012年1月8日

目录
CONTENTS

2011年暨南大学、华侨大学招收港、澳、台、华侨、华人及其他外籍学生入学考试题目

语　文

答卷时间：2小时30分

一、基础知识（共30分）

（一）单项选择题（在下列备选答案中选择一个正确答案。每题2分，共14分）

1. 下面成语字形全部正确的是哪一组？

A. 恬不知耻　鬼鬼祟祟　亘古未有　刚愎自用

B. 如法泡制　剑拔弩张　莘莘学子　重蹈覆辙

C. 琳琅满目　廖廖无几　耳濡目染　拭目以待

D. 光怪陆离　经纬分明　迥然不同　刻不容缓

2. 依次填入下列各句横线上的成语，与句意配合最贴切的是哪一组？

①小少爷见有人替他挨打，更加________，不把念书放在心上。

②王麻子投靠了日本人之后，成天________，欺压百姓，人们早对他恨之入骨了。

③他一向________，无论大事小事，从来都是一个人说了算，谁稍有异议，便摆出“家长”的面孔训人。

④体制改革后，一些企业领导视企业为“私产”，凌驾于群众之上，________，任意挥霍，结果搞垮了企业，也搞散了人心。

A. 狐假虎威　作威作福　有恃无恐　专横跋扈

B. 专横跋扈　有恃无恐　作威作福　狐假虎威

C. 有恃无恐　狐假虎威　专横跋扈　作威作福

D. 作威作福　专横跋扈　狐假虎威　有恃无恐

3. 下面句子表达完全正确的是哪一项？

A. 大量地吸收方言词汇也是丰富普通话词汇的来源之一。

B. 对文学作品应该如何反映社会现实这个问题上，人们的意见还不尽相同。

C. 这座九龙壁的建造年代，原来是朱元璋第十三子朱桂被封为代王后，下令在其王府前修建的。

D. “广州市中小学生受社会负面影响”专题调查结果：当前中小学生受社会负面影响的主要因素是网吧，游戏机室，不良图书、报刊、漫画。

4. 下列句子表达最简洁、无须删改的是哪一句？

A. 一个很久没有去的地方，最近却很使我怀念。这个令我很怀念的地方就是海滩，一个令我忆起儿时趣事的海滩。

B. 我想天下第一等苦人，莫过于无业游民，终日闲游浪荡，不知把自己的身和心摆在哪里才好。

C. 以前的我总觉得做每一件事必须先有目标，目标达到了，这件事才算是有意义。反之，目标没有达到，之前所做的努力将全部白费。但是经过了这几天学生会的面试，我对此有了新的看法。

D. 其实说实话，这些年在外寄宿读书，中秋节也没少在外过过。但是那些念头里的自己还只能算是一个未长大的孩子，对生活没什么自己特别的看法或者感觉，也不会特意去体味生活中的各种感受。

5. 依次在下面句子的画线处填入词语，最恰当的是哪一组？

黑的人便________过灯笼，一把________下纸罩，________了馒头，________与老栓；一手________过洋钱，捏一捏，转身去了。

A. 拿 拆 卷 交 接　　B. 抢 扯 裹 塞 抓

C. 接 拉 装 扔 抢　　D. 抓 剥 包 递 拿

6. 把下面的句子依次组成一段完整的语篇，正确的是哪一组？

①说是千篇一律，却又千变万化。

②每一条街都是一轴“手卷”、一首“乐曲”。

③千篇一律和千变万化的统一在城市面貌上起着重要作用。

④翻开一部世界建筑史，凡是较优秀的个体建筑或者组群，一条街道或者一个广场，往往都以建筑物形象重复与变化的统一而取胜。

A. ③④①②　　B. ③②①④　　C. ④①②③　　D. ④③①②

7. “酌酒花间，磨针石上；倚剑天外，挂弓扶桑”所写的诗人是哪一位？

A. 李白　　B. 王昌龄　　C. 陆游　　D. 辛弃疾

（二）多项选择题（在下列备选答案中选出两个或两个以上的正确答案，多选少选均不给分。每题 2 分，共 6 分）

8. 以下文学常识表述正确的有哪些？

A.《老子》又名《南华经》，《庄子》又名《道德经》，作者分别是春秋时期的李耳、战国时期的庄周，他们都是道家学派的代表人物。

B. 著名悲剧《感天动地窦娥冤》，是我国元代戏曲家关汉卿诸多杂剧中现实主义和浪漫主义相结合的优秀之作。

C. “三言二拍”中的“三言”是指明代冯梦龙的《喻世明言》、《警世通言》、《醒世恒言》，“二拍”是指明代凌蒙初的《初刻拍案惊奇》和《二刻拍案惊奇》。

D. 律诗、绝句、词、曲在字数、平仄、押韵、对仗等方面都有格律规定，因此都不属古体诗。

E. 文体指文学体裁、类别。就语音形式而言，古代文体可分为韵文、骈文和散文三大类。韵文和骈文、散文的区别在于押韵与否。

9. 下列各句中“光景”一词含义相同的有哪些？

A. 业内人士说：中国楼市潜在需求巨大，至少还有 20 年好光景。

B. 晚上九点钟光景，吴公馆里不期而会的来了些至亲好友，慰问吴荪甫在厂里所受的惊吓。

C. 社区里樱花开了，一树粉白的云彩，风过，落英缤纷，在灰暗的楼群中，这般光景很是难得。

D. 望都县土地流转正让更多村民的光景越过越好。村民周会青的蔬菜种植能有今天的规模，就是沾了土地流转的光。

E. 时间总是这样不经意地溜走，回想起年少时的光景，让人感慨不已。

10. 下列诗词名句中，出自唐人作品的有哪些？

A. 西塞山前白鹭飞，桃花流水鳜鱼肥。

B. 念去去千里烟波，暮霭沉沉楚天阔。

C. 陈王昔时宴平乐，斗酒十千恣欢谑。

D. 沧海月明珠有泪，蓝田日暖玉生烟。

E. 竹外桃花三两枝，春江水暖鸭先知。

（三）填空题（每空 1 分，共 5 分）

11. 欲把西湖比西子，____________________。（苏轼《饮湖上初晴后雨》）

12. 《出师》一表真名世，____________________。（陆游《书愤》）

13. 三军可夺帅也，______________。（《论语·子罕》）

14. 从题材上来讲，王维的《山居秋暝》是一首______________诗。

15. “我们都是来自五湖四海，为了一个共同的目标，走到了一起”，句中的“五湖四海”用的修辞手法是________。

（四）判断题（判断下列各题所表述的意思是否正确。如果正确，请打“√”，否则打“×”。每题 1 分，共 5 分）

16. 蒲松龄的《聊斋志异》是一部文言短篇小说集，也是一篇志怪小说集。内容大都具有超现实的虚幻性、奇异性。

17. 《战国策》是一部记载春秋战国时期谋士的思想言论及其政治活动的国别体史书，“长于叙事，精于描写”是其特色。

18. “乐府诗《陌上桑》”中的“乐府”与《东坡乐府》中的“乐府”是同一概念。

19. 金文是指先秦时期铸或刻在青铜器上的文字，秦始皇统一六国后改称为小篆，并成为标准字体。

20. 借条、收条都属单据的一种，内容包含名称、具体事项、时间、署名等，所涉数位最好用大写方式，且数位之间不留空白，不换行，不得涂改。

二、阅读理解（共 50 分）

（一）文言文阅读（共 10 题，每题 3 分，共 30 分）

阅读下列文章，然后依题目要求回答问题。

魏有隐士曰侯嬴，年七十，家贫，为大梁夷门监者。公子闻之，往请，欲厚遗之。不肯受，曰：“臣修身洁行数十年，终不以监门困故而受公子财。”公子于是乃置酒大会宾客。坐定，公子从车骑，虚左，自迎夷门侯生。侯生摄敝衣冠，直上载公子上坐，不让，欲以观公子。公子执辔愈恭。侯生又谓公子曰："臣有客在市屠中，愿枉车骑过之。"公子引车入市，侯生下，见其客朱亥，俾倪，故久立与其客语，微察公子，公子颜色愈和。当是时，魏将相宗室宾客满堂，待公子举酒；市人皆观公子执辔。从骑皆窃骂侯生。侯生视公子色终不变，乃谢客就车。至家，公子引侯生坐上坐，遍赞宾客，宾客皆惊。酒酣，公子起，为寿侯生前。侯生因谓公子曰："今日嬴之为公子亦足矣！嬴乃夷门抱关者也，而公子亲枉车骑自迎嬴，于众人广坐之中，不宜有所过，今公子故过之。然嬴欲就公子之名，故久立公子车骑市中，过客，以观公子。公子愈恭。市人皆以嬴为小人，而以公子为长者，能下士也。"

于是罢酒，侯生遂为上客。

侯生谓公子曰："臣所过屠者朱亥，此子贤者，世莫能知，故隐屠间耳。"公子往，数请之，朱亥故不复谢。公子怪之。

21．对下列句子中加方框的词语的解释，哪一项是正确的？

A．公子闻之，往请，欲厚[遗]之。　　遗：赠送（财物）

B．臣有客在市屠中，愿枉车骑[过]之。　　过：经过

C．故久立与其客语，[微]察公子。　　微：稍微

D．侯生视公子色终不变，乃[谢]客就车。　　谢：致谢

22．下列句子中加方框的"为"字，用作动词、表示"帮助"之意的是哪一个？

A．家贫，[为]大梁夷门监者。

B．公子起，[为]寿侯生前。

C．今日嬴之[为]公子亦足矣！

D．于是罢酒，侯生遂[为]上客。

23．翻译下列句子。

侯生摄敝衣冠，直上载公子上坐，不让，欲以观公子。

24．翻译下列句子。

公子往，数请之，朱亥故不复谢。公子怪之。

25．侯嬴出场后貌似做了许多一般人难以理解的傲慢无礼行为，其实他已经为魏无忌立了一功。这功劳是什么？（可以引用原文文句作答）

杨诚斋夫人罗氏，年七十余，每寒月，黎明即起，诣厨躬作粥一釜，遍享奴婢，然后使之服役。其子东山先生启曰："天寒，何自苦如此？"夫人曰："奴婢亦人子也，清晨寒冷，须使其腹中略有火气，乃堪服役耳。"东山曰："夫人寿高，且贱事，何倒行而逆施乎？"夫人怒曰："我自乐此，不知寒也。汝为此言，必不能如吾矣！"东山守吴兴，夫人于郡圃种纻[1]，躬绩以为衣，时年盖八十余矣。东山月俸分以奉母。夫人忽小疾，既愈，出所积券曰："此长物也，自吾积此，意不乐，果致疾。今宜悉以谢医，则吾无事矣！"平居首饰止于银，衣止于绌绢。生四子三女悉自乳，曰："饥人之子以哺吾子，是诚何心哉！"诚斋父子视金玉如粪土。诚斋将漕江东[2]，有奉给仅万缗[3]，留库中弃之而归。东山帅五羊，以俸钱十千缗代下户输租。其家采椽土阶如田舍翁，三世无增饰。东山病且

死，无衣衾，适广西帅赵季仁馈缬绢数端[4]，东山曰："此贤者之赐也，衾材无忧矣！"史良叔守庐陵，官满来访，入其门，升其堂，目之所见，无非可敬可仰可师可法者，所得多矣！因命画工图之而去。诚斋、东山清介绝俗，固皆得之天资，而妇道母仪所助亦已多矣！（无名氏《湖海新闻夷坚续志》）

【注释】[1] 纻：苎麻，其植物纤维可用于织布。

[2] 漕：漕运。这里指担任转运使的职务。

[3] 缗：一千钱为一缗。

[4] 缬：有花纹的丝织品。

26. 下列句子中加方框的"之"字，哪一个用作代词，用以指代财物？

A. 诣厨躬作粥一釜，遍享奴婢，然后使[之]服役。

B. 有奉给仅万缗，留库中弃[之]而归。

C. 此贤者[之]赐也，衾材无忧矣！

D. 因命画工图[之]而去。

27. 下列各组句子中加方框的词语，哪一组的含义、用法完全一致？

A. [其]家采椽土阶如田舍翁　　入[其]门，升其堂

B. 躬绩[以]为衣　　[以]俸钱十千缗代下户输租

C. 何倒行[而]逆施乎　　[而]妇道母仪所助亦已多矣

D. 汝为此言，必不能[如]吾矣　　诚斋父子视金玉[如]粪土

28. 下列加方框的词语，哪一组的含义与现代汉语有区别？

①遍享奴婢，然后使之[服役]

②须使其腹中略有[火气]

③平居[首饰]止于银，衣止于紬绢

④诚斋、东山清介绝俗，固皆得之[天资]

A. ①②　　B. ③④　　C. ①③　　D. ②④

29. 下列根据文中记载作出的推论，哪一项是错误的？

A. 杨万里（诚斋）家没有请过乳母。

B. 杨万里家的房子很破旧，是因为没钱装修。

C. 杨万里的儿子在广州做过官。

D. 杨万里是江西庐陵人。

30. 本文的主要写作意图是什么？

A. 赞扬杨万里家一门清廉

B. 赞扬罗氏的节俭持家

C. 赞颂罗氏对杨门家风的影响

D. 赞颂杨万里教子有方

（二）现代文阅读（共20分）

阅读下列文章，然后依题目要求回答问题。

［1］在六朝志怪小说中，有一些写狐妖变化的作品，例如在《搜神记》中，就有好几篇。但是，它们的情节都较简单，篇幅很短，还谈不上艺术形象的塑造，只是略具轮廓而已。唐人传奇则继承了这类题材，而在故事情节上有所创新，塑造了完整、丰满、优美的艺术形象，主题思想也更明确了。《太平广记》第四百四十七卷至第四百五十五卷，都是以狐妖为题材的作品，其中绝大多数是唐人写的，多半出于《广异记》，如《李麐》篇，情节之宛转动人、郑四娘的艳丽聪慧，可与沈既济的杰作《任氏传》媲美。其他传奇集中，也有不少狐鬼故事，一般都比六朝小说的同类作品写得委婉生动。

［2］唐人传奇中，关于狐鬼仙妖的故事，对清代蒲松龄《聊斋志异》的影响是显而易见的。《聊斋志异》中这类题材的作品，总的来说，思想意义和艺术技巧比唐人传奇同类作品有所提高，但就单篇而言，却很少有超过《任氏传》的。

［3］在六朝志怪和唐人传奇中，描写青年男女为爱情而死，又因爱情的力量死而复活的故事也不少。如刘义庆《幽明录·买粉儿》，孟棨《本事诗·崔护》。后来的话本小说《杜丽娘慕色还魂》和汤显祖《牡丹亭》传奇、《聊斋志异·连城》等，虽然故事情节各不相同，但就爱情战胜死亡的艺术构思而言，却是一致的。

［4］从六朝小说到唐人传奇，写神仙道化的作品，为数较多。元明清戏曲中，也有大量神仙道化剧，这当然与时代的环境、作家的世界观有着密切的关系，问题较为复杂，需作具体分析；但是与唐人传奇的同类作品，有着历史的渊源关系，却是可以肯定的。

［5］再从传奇体这一文学样式的演变来看，自宋以后，已趋衰落，白话小说（包括短篇的话本、拟话本和长篇章回小说）成了小说的主流，但传奇体小说在明清仍然有一定的势力和影响。就具体作品而言，与白话小说相比，固然相形见绌，但也不乏名篇佳作。明初瞿佑仿效唐人传奇，作《剪灯新话》，其中的少数几篇，文笔意境，还能新人耳目，如《翠翠传》、《爱卿传》，以元末大动乱为背景，反映了恩爱夫妻生离死别的悲剧，凄恻动人。而模拟《剪灯新话》的，有李祯《剪灯余话》、邵景瞻《觅灯因话》，内容大都是讲因果报应、闺中情事，封建说教意味和迷信观念较浓，形式又过多地穿插与正文无关的诗词，有形式主义倾向。此外，散见于明清时期一些诗文集中的传奇体小说，如高启的《南宫生传》、马中锡的《中山狼传》、张岱的《柳敬亭说书》、李渔的《秦淮健儿传》，思想内容和艺术形式都有各自的特色。清康熙年间蒲松龄的《聊斋志异》，继承了六朝志怪小说和唐人传奇的艺术经验，汲取民间故事传说的滋养，"用传奇法，而以志怪，出于幻域，顿入人间"（鲁迅《中国小说史略》语），别开生面。乾隆、嘉庆年间，纪昀讥讽《聊斋志异》有唐人传奇之详，又杂以六朝志怪之简，着《阅微草堂笔记》，文笔崇尚朴实，反对浮华，近乎六朝志怪小说，而偏于议论，但也别有风味。"凡测鬼神之情状，发人间之幽微，托狐鬼以抒己见者，隽思妙语，时足解颐；间杂考辨，亦有灼见。叙述复雍容淡雅，天趣盎然"（鲁迅《中国小说史略》语）。

31. 如果给本文起一个标题，下列哪一个最合适？（2分）

A. 六朝志怪小说对后代小说的影响

B. 唐人传奇对后代文学的影响

C. 传奇体小说的渊源及其流变

D. 历代传奇体小说的代表作品及其样式演变

32. 从本文文意看，下列哪一类内容与六朝小说和唐人传奇常见的题材有区别？(2分)

A. 狐妖变化　　B. 生死爱情　　C. 神仙道化　　D. 因果报应

33. 文章第［5］段说纪昀《阅微草堂笔记》近乎六朝志怪小说。从该段的表述看，其与六朝志怪的差异在下列哪一方面？(2分)

A. 文笔朴实　　B. 反对浮华　　C. 情节简单　　D. 杂以议论、考证

34. 从文意看，下列作品集中哪一部是唐人传奇集？(2分)

A.《搜神记》　　B.《广异记》　　C.《剪灯新话》　　D.《阅微草堂笔记》

35. 判断题（判断下列各题所表述的意思是否正确。如果正确，请打“√”，否则打“×”。共4小题，每小题2分，共8分）

①本文分别从古代小说的作品题材、形式演变两大方面展开述评。

②本文可分两大部分，第一部分由第［1］段到第［3］段；第二部分则由第［4］、［5］两段构成。

③从文章第［4］段看，六朝小说和唐人传奇不但对后代小说有影响，而且对后代诗歌、散文、戏剧也有影响。(2分)

④根据文章第［5］段的表述可以推断：传奇体小说的黄金时代在唐宋时期。

36. 简答题（共2小题，共4分）

①从本文第［1］段看，唐代传奇在继承六朝志怪小说的基础上，有何发展变化？(3分)

②从本文中所举的很多例子可以看出，传奇体小说作品的标题有何特点？(1分)

三、语言文字表达（共70分）

37. 按不同表达要求将下列词语组成完整句子，不得增减词语。(共2小题，每小题2分，共4分)

星期六　老师　是　全班同学　倡议　在操场上　向　捐款　贫困山区

①强调“老师”：

②强调时间：

38. 应用文写作（共6分）

请以端午节为内容，拟一条手机短信，字数在50字左右。

39. 从下面题目中任选一个，按要求写一篇作文。(60分)

题目一：

以“假如明天来临”为题，写一篇作文。除诗歌外，文体不限。文言文字数不少于400字，白话文不少于700字。

题目二：

在日本因地震发生核危机后，从浙江开始，抢购食盐风潮迅速蔓延到大半个中国，其中也包括香港和澳门。当碘盐防辐射的说法被专家否定、当盐业部门表示中国的食盐产量供过于求的时候，各地又发生了“退盐”潮。

请以此为话题，自拟题目写一篇作文。除诗歌外，文体不限。文言文字数不少于400字，白话文不少于700字。

数 学

答卷时间：2 小时

一、选择题：本大题共 15 小题，每小题 4 分，共 60 分，每小题所列四个选项中只有一个是正确的，把你的选择按题号填入答题纸.

1. 在函数 $y=\frac{1}{\sqrt{x+1}}+\sqrt{1-x}$ 中，自变量 x 的取值范围是（　　）

A. $[-1,\ 1]$　　B. $(-1,\ 1]$　　C. $[-1,\ 1)$　　D. $(-1,\ 1)$

2. 下列四个集合中，是空集的是（　　）

A. $\{x\mid x^2<2x\}$　　B. $\{x\mid x+2=2\}$

C. $\{x\mid x>|x|\}$　　D. $\{(x,\ y)\mid x+y=0,\ x,\ y\in\mathbf{R}\}$

3. 函数 $y=|x|$ 的图像关于（　　）对称

A. x 轴　　B. y 轴　　C. 直线 $y=x$　　D. 直线 $y=-x$

4. 函数 $y=3x^2+2x+1$ 的最小值为（　　）

A. $\frac{2}{3}$　　B. $\frac{4}{3}$　　C. $\frac{3}{2}$　　D. 2

5. 一个一次函数 $y=kx+b$，当 $x=-2$ 时，$y=0$，并且，当 $x=1$ 时，$y=3$，则这个一次函数为（　　）

A. $y=-x+2$　　B. $y=x+2$　　C. $y=2x+1$　　D. $y=x-2$

6. 设 $a=0.8^{-0.1}$，$b=0.8^{-0.2}$，$c=0.8^{0.4}$，则 a、b、c 的大小关系是（　　）

A. $a>b>c$　　B. $a<b<c$

C. $b>c>a$　　D. $c<a<b$

7. $y=(-\frac{1}{2})^{-6}-8^{\frac{2}{3}}+\log_2\frac{1}{2}$，则 y 为（　　）

A. 60　　B. 51　　C. 70　　D. 59

8. 下列命题不正确的是（　　）

A. 如果一条直线上的两个不同点在一个平面内，那么这条直线在此平面内

B. 经过三个互不相同的点确定一个平面

C. 一条直线与一个平面内的两条相交直线都垂直，则该直线与此平面垂直

D. 垂直于同一个平面的两条不同直线平行

9. 过点 $(-1,\ 2)$ 倾斜角 $\alpha=45°$ 的直线方程为（　　）

A. $y=2x+1$　　B. $y=-x-3$　　C. $y=x-3$　　D. $y=x+3$

10. 直线 $3x+y-6=0$ 和圆 $x^2+y^2-2y-4=0$ 有（　　）

A. 一个公共点　　B. 两个公共点　　C. 三个公共点　　D. 无公共点

11. 一个袋内装有大小完全一样的 10 个球，其中 5 个是红球，3 个是白球，2 个是黑

球，从中一次任意抽取 3 个，则刚好抽到一红、一白、一黑的概率为（　　）

A. $\frac{1}{12}$　　B. $\frac{1}{6}$　　C. $\frac{1}{4}$　　D. $\frac{1}{3}$

12. 已知数列 $\{a_n\}$ 是等比数列，且 $a_1=3$，公比 $q=2$，则该数列前 6 项的和为（　　）

A. 189　　B. 166　　C. 180　　D. 169

13. 在 $\triangle ABC$ 中，已知 $AB=5$，$BC=4$，$\angle B=60°$，则 AC 为（　　）

A. $\sqrt{21}$　　B. $\sqrt{22}$　　C. $\sqrt{61}$　　D. $\sqrt{29}$

14. 下列关系中正确的是（　　）

A. $\tan 30° + \cot 30° = 1$　　B. $\sin^2\alpha - \cos^2\alpha = 1$

C. $\tan 405° = 1$　　D. $\cos\left(\alpha + \frac{\pi}{2}\right) = \sin\alpha$

15. 下面给出四个不等式正确的是（　　）

A. $3i > 2i$　　B. $|2+3i| > |1-4i|$

C. $|2-i| > 2i^4$　　D. $i^2 > -i$

二、填空题：本大题共 5 小题，每小题 4 分，共 20 分，把答案按题号填入答题纸.

16. 已知函数 $f(x)$ 是实数集 **R** 上的奇函数，当 $x<0$ 时，$f(x)=x^2$，则 $f(2)=$ ________.

17. 已知 2、a、$3a$ 是等差数列，则实数 $a=$ ________.

18. 非零向量 $\vec{a}$、$\vec{b}$ 满足 $|\vec{a}|=|\vec{b}|=|\vec{a}-\vec{b}|$，则 $\vec{a}$ 和 $\vec{a}+\vec{b}$ 的夹角为________.

19. 已知空间四个点 A、B、C、D 不共面，那么与这四个点距离相等的平面个数为 ________.

20. 过点（1，1）且与直线 $x+2y+3=0$ 垂直的直线方程为________.

三、解答题：本大题满分 70 分. 在第 21、22、23、24、25 题中任选三题作答，若解答超过三题，按所答前三题计分. 第 26、27 题为选考历史或地理的考生必做，第 28、29 题为选考物理、化学或生物的考生必做. 把解答过程写入答题纸，解答时应写出文字说明、证明过程或演算步骤.

21.（本小题满分 14 分）

已知 $\sin\alpha = -\frac{4}{5}$，且 $\alpha \in \left(\frac{3\pi}{2}, 2\pi\right)$，求 $\cos\left(\alpha - \frac{\pi}{6}\right)$.

22.（本小题满分 14 分）

在$\triangle ABC$中，已知$\tan B=\sqrt{3}$，$\cos C=\dfrac{1}{3}$，$AC=3\sqrt{6}$，求$\triangle ABC$的面积.

23.（本小题满分 14 分）

已知数列$\{a_n\}$，部分和$S_n=\sum\limits_{i=1}^{n}a_i=a_1+a_2+\cdots+a_n$，首项$a_1=5$，且$a_n=2S_{n-1}+7\times 3^n$，求$a_n$及$S_n$.

24.（本小题满分 14 分）

已知函数$f(x)$是周期函数，其周期为 2，定义域是整个实数域，其在一个周期里的定义为$f(x)=\begin{cases}x & 0\leqslant x<1\\ 2-x & 1\leqslant x<2\end{cases}$，那么，

（1）判断函数$f(x)$在区间$[-200,-199]$中的单调性.

（2）判断函数$-f(x)$的周期性、奇偶性，并在区间$[-2,2]$上给出奇偶性证明.

25. （本小题满分14分）

如图1所示，在三棱锥 $D-ABC$ 中，$AB=CD=2$，$AC=1$，$\angle CAB=\angle ACD=90°$，二面角 $D-AC-B$ 的大小为 $60°$，求 BD 的长.

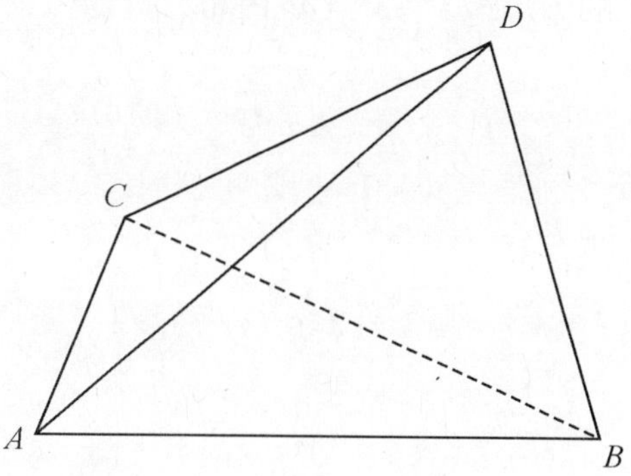

图1

26. （选考历史或地理的考生必做）（本小题满分14分）

如图2所示，据气象部门预报，在距离某码头南偏东30°方向1 000 km处的热带风暴中心正以20 km/h的速度匀速向正北方向移动，风暴的影响范围是以风暴中心为中心的半径700 km以内的地区，请回答该码头受影响的最长时间是多少？

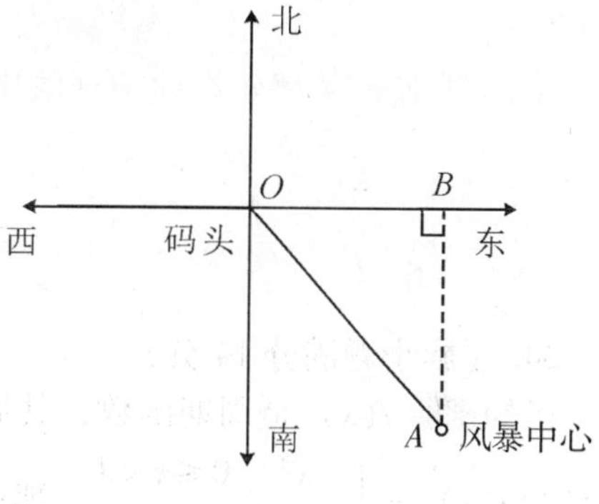

图2

27. （选考历史或地理的考生必做）（本小题满分14分）

求与 y 轴相切于右侧，并与圆 $x^2+y^2-4x=0$ 外切的圆的圆心的轨迹方程.

28.（选考物理、化学或生物的考生必做）（本小题满分 14 分）

F 是椭圆 $\frac{x^2}{a^2}+\frac{y^2}{b^2}=1$（$a>b>0$）的右焦点，$A$ 是椭圆上任意一点，求证：以 AF 为直径的圆与圆 $x^2+y^2=a^2$ 内切.

29.（选考物理、化学或生物的考生必做）（本小题满分 14 分）

某进口商品定价 1 500 元，如果免进口税，每年可销售 200 万件；若征收 $p\%$ 的附加税（即销售 100 元征税 p 元），每年的销售会减少 $10p$ 万件，同时规定税率不能低于 2%、高于 8%．问：

（1）将海关每年对该商品征收的总税金 y（万元）表示成关于 p 的函数，给出定义域.

（2）要使海关每年在此项征收中税金不多于 1.05 亿元，税率应该如何定？

英 语

答卷时间：2小时

Paper One（第一卷）

Part Ⅰ Listening Comprehension（30 points）

Section A（1×5）

Directions: *In this section you will hear five sentences, which will be spoken only once. In each sentence there is a number. Listen carefully and decide the correct number you have heard. Then, mark your answer by blackening the corresponding letter on the Answer Sheet.*

1. A. 1640 37th B. 1750 36th C. 1960 48th D. 1570 35th
2. A. 765 - 653 B. 756 - 635 C. 775 - 643 D. 665 - 743
3. A. 21st 3rd B. 23rd 21st C. 3rd 21st D. 23rd 1st
4. A. \$0.90 B. \$90 C. \$0.19 D. \$9.00
5. A. 1,234 northeast B. 1,369 northwest
   C. 1,639 northwest D. 1,479 southwest

Section B（1×5）

Directions: *In this section you will hear 5 questions. The questions will be spoken only once. When you hear a question, read the four possible answers in your test paper and choose the most suitable one. Then, mark you answer by blackening the corresponding letter on the Answer Sheet.*

Example:

You will hear: Does he know that there will be a lecture on American poetry this afternoon?

You will read: A. Yes, there will. B. Yes, he does.
C. No, it isn't. D. No, he will not.

The most suitable answer is B. So you should blacken the letter B on your Answer Sheet.

6. A. \$200 a month. B. You must pay in advance.
   C. It is not expensive. D. You'd better rent it soon.
7. A. Yes, the sunshine was good. B. There is nothing to enjoy.
   C. Yes, we had a great time. D. Yes, we have a good time.
8. A. I'm afraid not. B. The German.
   C. It is held in the US. D. It's two to nil.

9. A. Yes, I will wait a while. B. No, I didn't.
C. Yes, it is a while. D. No, I haven't been able to.

10. A. They will stay at home. B. No, neither of them went.
C. Yes, both of them didn't. D. Yes, all of them didn't go.

Section C (2×5)

Directions: *In this section you will hear 5 short conversations between two speakers. At the end of each conversation, a third voice will ask a question about what was said. The conversation and the question will be spoken only once. After you hear a conversation and the question about it read the four possible answers in your test paper and choose the best one to the question you have heard. Then, mark your answer by blackening the corresponding letter of your choice on the Answer Sheet.*

11. A. She bought something for her aunt. B. She was there only briefly.
C. She missed it. D. She went to it on her way to the hospital.

12. A. One hour and a half. B. Half an hour.
C. 45 minutes. D. 40 minutes.

13. A. He forgot the appointment. B. The bus was too crowded.
C. The bus was late. D. He got up late.

14. A. Go to the post office. B. Listen to the concert.
C. Attend a party. D. Meet his wife.

15. A. Staying at home studying. B. Visiting some friends.
C. Attending a party. D. Getting ready for her lecture.

Section D (2×5)

Directions: *In this section you will hear a short talk. The talk will be spoken twice. After the talk you will be asked questions. When you hear a question, read the four possible answers in your test paper and choose the best answer to the question you have heard. Then, mark your answer by blackening the corresponding letter on the Answer Sheet.*

16. A. Animals. B. Policemen.
C. Children. D. Soldiers.

17. A. He hoped to get ideas. B. He wanted to avoid a visitor.
C. He was feeling lazy. D. He could not finish a story.

18. A. To steal something. B. To have a drink.
C. To see Tom. D. To read Tom's story.

19. A. Drank a cup of tea. B. Left Tom some advice.
C. Paid for his cigarettes. D. Left Tom some money.

20. A. To meet him. B. To get more ideas from him.
C. To have stories stolen. D. To be robbed more often.

Part Ⅱ Reading Comprehension（40 points）

Directions: *There are 4 passages in this part. Each passage is followed by some questions or unfinished statements. For each of them there are 4 choices marked A, B, C and D. You should decide on the best choice and mark your answer by blackening the corresponding letter on the Answer Sheet.*

Questions 21 to 25 are based on the following passage:

In English speaking countries, boys and girls have different names. Richard, Edward, David, etc. are boys' names. Mary, Cathy, Alice, etc. are girls' names. Francis with an "i" before the "s" is a boy's name, but Frances with an "e" is a girl's name though they are both pronounced the same. When people are going to be fathers or mothers, they will consider a lot of names for the babies.

Some people have very strong feelings about names. Sometimes people may decide not to like someone they have not met, just because they don't like his name.

An article says somebody has found out that school children with certain names get low marks in school just because of their names, not their family names, but their first names. A university professor Bill Johnson showed four compositions written by four different boys in fourth grade to a lot of teachers in ten different schools. The professor said two of the compositions were written by boys named David and Michael. The other two were written by Hubert and Elmer, no matter which compositions those names were written on. According to the article, the teachers just thought that anybody named Hubert or Elmer couldn't do anything well, because those names aren't in style any more.

21. Which of the following would be best for the title of the passage?

A. The Power of Names

B. Different Names for Different People

C. Better Names for Boys

D. How to Choose Names for Babies

22. Which of the following is NOT true?

A. Edward, Davie and Bill are boys' names.

B. In the United States a boy and a girl can get a name with the same pronunciation.

C. Children with popular names usually get high marks.

D. Mary is a girl's family name.

23. According to the article, the teachers gave David's composition high marks because ______.

A. he was one of the top students

B. he has a popular name

C. his composition was well-written

D. he didn't use his real name

24. Which of the following is true?

A. Hubert got low marks because he used his family name.

B. Professor Johnson usually gave David high marks.

C. Some school children get low marks just because their names are not popular.

D. All people have very strong feelings about names.

25. What will people with strong feelings about names probably do?

A. They don't like people with unpopular names though they haven't met them yet.

B. They will give boys high marks.

C. They think of a lot of names for would-be parents.

D. They like school boys than school girls.

Questions 26 to 30 are based on the following passage:

Thirty years ago, Lake Ponkapog was full of life. Many birds and animals lived beside the water, which was full of fish. Now there are few birds, animals and fish. The lake water is polluted. It is filled with strange plants.

How did this happen? First, we must think about how water get into Lake Ponkapog. When it rains, water comes into the lake from all around. In the past, there were forests all around Lake Ponkapog, so the rainwater was clean.

Now there are many homes around the lake. People often use *chemicals* in their gardens. They use other chemicals inside their houses for cleaning or killing insects（昆虫）. There are also many businesses. Businesses use chemicals in their machines or shops. When it rains, the rainwater picks up all the chemicals from homes and businesses and then carries them into the lake. They pollute the water and kill the animals.

Boats on the lake are also a problem. Lake Ponkapog is a popular place for motorboats. But oil and gas（汽油）from boats often get into the lake. So more bad chemicals go into the water this way.

People around the lake love their lake and want to save it. Will it be possible? A clean lake must have clean rainwater going into it. Clean rainwater is possible only if people are careful about chemicals at home and at work. They must also be more careful about gas and oil and other chemicals on the ground. And they mustn't use motorboats any more on the lake. All these may change people's lives. Only then can Lake Ponkapog be a beautiful clean lake again.

26. In the past the water in Lake Ponkapog was made clean by ________.

A. birds　　B. fish　　C. forests　　D. rain

27. The fourth paragraph mainly tells us ________.

A. that oil and gas are bad chemicals

B. that chemicals from motorboats also make the lake water dirty

C. how oil gets into the lake water

D. that pople like to go boating on the lake

28. To save the lake, people need to ________.

A. be less careful about chemicals

B. use less water

C. grow fewer plants in the garden

D. change their daily lives

29. "Chemicals" in the story means ________.

A. 化学家　B. 污染品　C. 化学用品　D. 药品

30. What makes the lake water dirty?

A. Chemicals　B. Strange plant　C. Rainwater　D. Both A and B

Questions 31 to 35 are based on the following passage:

Accidents happen almost daily. Some accidents are minor and some are serious but others may be fatal. We read about such accidents nearly every day in the newspapers. It is wrong for people to think that accidents occur only on the roads or highways, or even at work sides. Home accidents are just as common. Because very few home accidents are reported, people tend to think that there are few accidents which happen in homes. There have been many cases where people fall to their deaths from high-rise flats (高层建筑). Children often fall from staircases while coming down the stairs. Old people may slip on wet or slippery floors if they are not careful.

Nowadays there are a lot of modern electrical appliances (电器) such as rice-cookers, electric irons, and kettles which make life easy for modern housewives. These appliances can kill if they are not used in the proper way.

Gas stoves used for cooking are also dangerous if they are not properly handled. They may cause burns or in more serious cases, they may even cause fires.

But all such accidents can be prevented if we are careful and obey simple rules of safety. For example, it is unwise for people to try repairing their appliances if they do not know how. It is safer for them to get their faulty appliances repaired by a qualified electrician.

31. Accidents take place ________.

A. almost everywhere　B. only on roads and highways

C. only at work sides　D. only in homes

32. People think accidents happen only on the roads because ________.

A. there are more road accidents

B. many home accidents are not reported in newspapers

C. home accidents are not usually fatal

D. newspapers are not allowed to report home accidents

33. Modern electrical appliances ________.

A. kill a lot of people

B. can be dangerous unless carefully used

C. are very dangerous and should not be used

D. are not dangerous even if they are used carelessly

34. People are advised ________.

A. to avoid using electrical appliances

B. to repair their own faulty appliances

C. not to repair their own electrical appliances

D. to throw away their faulty appliances

35. The best title of the article is ________.

A. Accidents

B. Accidents on Roads

C. Accidents at Home

D. Avoid Accidents

Questions 36 to 40 are based on the following passage:

Packaging (包装) is an important form of advertising. A package can sometimes motivate someone to buy a product. For example, a small child might ask for a breakfast food that comes in a box with a picture of a TV character. The child is more interested in the picture than in the breakfast food.

Pictures for children to color or cut, games printed on a package, or small gifts inside a box also motivate many children to buy products—or to ask their parents for them.

Some packages suggest that a buyer will **get something for nothing**. Food products sold in reusable containers are examples of this. Although a similar product in a plain container might cost less, people often prefer to buy the product in a reusable glass or dish, because they believe the container is free. However, the cost of the container is added to the cost of the product.

The size of a package also motivates a buyer. Maybe the package has "Economy Size" or "Family Size" printed on it. This suggests that the large size have the most products for the least money. But that is not always true. To find out, a buyer has to know how the product is sold and the price of the basic unit.

The information on the package should provide some answers. But the important thing for any buyer to remember is that a package is often an advertisement. The words and pictures do not tell the whole story. Only the product inside can do that.

36. Children buy a product more often because they ________ than the product itself.

A. like the package of the product

B. like reading picture stories on the package

C. like the color of the package

D. like the size of the package

37. A buyer may be attracted by the size of a package of a product because he believes that ________.

A. it has no pictures on it

B. it is more motivating

C. it contains more and costs less

D. it is sold at basic unit price

38. According to the author, a buyer can know the quality of a product only by ________.

A. understanding how it is sold

B. reading the information on the package

C. trying the product itself

D. knowing its price of basic unit

39. Which of the following statements is NOT true according to the passage?

A. Package is more than a container for product.

B. Package of the product is always free of charge.

C. Package will most probably encourage people to buy.

D. Package does not tell the quality of the product.

40. The expression "get something for nothing" (Line 1, Para. 3) most probably means ________.

A. get something useless　　B. get something free of charge

C. get something reusable　　D. get something cheap

Part Ⅲ　Vocabulary (20 points)

Section A (10 points)

Directions: *There are 10 incomplete sentences in this part. For each sentence there are four choices marked A, B, C and D. Choose the ONE answer that best completes the sentence. Then mark your answer by blackening the corresponding letter on the Answer Sheet.*

41. There are an increasing ________ of people who enjoy shopping online.

A. amount　　B. number　　C. quality　　D. part

42. The twins are considered to be ________ in appearance to each other.

A. different　　B. same　　C. similar　　D. match

43. Young people sometimes complain of not being able to ________ with their parents.

A. communicate　　B. confuse　　C. examine　　D. depend

44. I have no difficulty in getting in ________ with the sales manager.

A. combination　　B. touch　　C. link　　D. line

45. She devoted herself ________ to helping the deaf and blind children in the countryside.

A. freely　　B. strongly　　C. extremely　　D. entirely

46. We worked together and ________ several solutions to the problem.

A. explored　　B. excused　　C. looked　　D. exported

47. My friend told me that he was crazy ________ buying a new apartment.

A. of　　B. for　　C. on　　D. about

48. However, there is another route to ________ if you are not in a hurry.

A. take　　B. mind　　C. lay　　D. view

49. The store will ________ a certain amount of money on containers for drinks.

A. change B. charge C. use D. limit

50. The teacher told me to relax because I looked ________ before the presentation.

A. nervous B. happy C. easy D. comfortable

Section B (**10 points**)

Directions: *There are* 10 *sentences in this part. For each sentence there are four choices marked A, B, C and D. Choose the ONE word or phrase that is closest in meaning to the underlined part. Then mark your answer by blackening the corresponding letter on the Answer Sheet.*

51. The doctor advised that Peter should stay in bed when he caught a bad cold.

A. annoyed B. suggested C. supposed D. avoided

52. My brother tended to talk a lot when he was nervous.

A. used to B. tried to C. showed off D. turned out

53. Everyone in the world desires happiness. wealth and health.

A. waits B. enjoys C. wanders D. wants

54. Charles usually stays up late at night and rises at ten o'clock in the morning.

A. gets up B. gets out C. gets over D. gets into

55. A quarter of the population in the country live in the coastal cities.

A. A part B. One fourth C. A little D. A half

56. He was discouraged to learn that he hadn't been admitted to the university.

A. decreased B. disappointed C. influenced D. endangered

57. Mr. Smith is extremely sociable and he has a unique way of dealing with people.

A. possibly B. hardly C. highly D. friendly

58. I took my seat and decided to pass the time watching people around me.

A. kill B. damage C. injure D. harm

59. He is the most active member of the fitness center and will take part in a competition.

A. entertainment B. health C. foreign D. language

60. Unlike other animals, the African elephant is to a great extent the builder of its environment.

A. way B. degree C. portion D. potential

Part Ⅳ Grammatical Structure (10 points)

Directions: *There are* 10 *incomplete sentences in this part. For each sentence there are four choices marked A, B, C and D. Choose the ONE that best completes the sentence. Then mark your answer by blackening the corresponding letter on the Answer Sheet.*

61. When Mr. Smith went back to get the car, he found that someone ________ it.

A. has stolen B. stole C. would steal D. had stolen

62. Let's go for a walk after dinner, ________?

A. shall we　　B. do we　　C. will we　　D. can we

63. Leo was absent from English class this morning and he ________ be sick because he is fond of this course.

A. can　　B. will　　C. must　　D. shall

64. A large number of students in our school ________ from mainland China; the number ________ growing these years.

A. is; has been　　B. are; has been

C. is; have been　　D. are; have been

65. There are very few areas in the world ________ pandas can live, so they really have to think very carfully where to place the two little panda babies.

A. where　　B. that　　C. which　　D. when

66. Mr. Wang did not remember his appointment with the doctor ________ he arrived home.

A. until　　B. before　　C. when　　D. that

67. With his mother ________ him in school, the little boy is making great progress in his studies.

A. helps　　B. to help　　C. helping　　D. helped

68. I would insist that the sports meet ________ due to the bad weather.

A. be cancelled　　B. was cancelled

C. cancelled　　D. is cancelled

69. ________ little did they agree with each other ________ the neighboring countries could not settle their arguments.

A. So; that　　B. Such; as　　C. So; as　　D. Such; that

70. We ought ________ the accident to the security guards last night.

A. to have reported　　B. to reporting

C. to report　　D. to be reported

Part V　Cloze (20 points)

***Directions**: There are 20 blanks in the following passage. For each blank there are 4 choices marked A, B, C and D. You should choose the ONE that best fits into the passage. Then mark your answer by blackening the corresponding letter on the Answer Sheet with a single line through the center.*

Men cannot go on __71__ his numbers at the present rate. In the __72__ 30 years man will face a period of crisis. __73__ experts believe that there will be a widespread food __74__. Other experts think this is __75__ pessimistic (悲观的), and that man can prevent things __76__ getting worse than they are now. But __77__ that two-thirds of the people in the world are undernourished (营养不良) or starving now.

One thing that man can do is limit the __78__ of babies born. The need __79__ this is obvious, but it is __80__ easy to achieve. People have to __81__ to limit their families. In the countries of the population __82__, many people like big families. The parents think that this __83__ a bigger income for the family and ensures there will be someone in the family who will look __84__ them in old age.

Several governments have __85__ birth control policies in recent years. __86__ them are Japan, China, India and Egypt. In some __87__ the results have not been __88__. Japan has been an exception. The Japanese adopted a birth control policy in 1948. People were __89__ to limit their families. The birth rate fell from 34.3 per thousand per year to about 17.0 per year __90__.

71. A. increasing	B. increase	C. increases	D. increased
72. A. second	B. recent	C. next	D. late
73. A. Any	B. Some	C. More	D. All
74. A. need	B. want	C. absence	D. shortage
75. A. so	B. much	C. too	D. enough
76. A. to	B. from	C. for	D. with
77. A. remember	B. remembering	C. remembered	D. remembers
78. A. name	B. birth	C. amount	D. number
79. A. for	B. of	C. in	D. about
80. A. not	B. no	C. none	D. neither
81. A. persuade	B. be persuading	C. be persuaded	D. persuading
82. A. bursting	B. explosion	C. raising	D. extension
83. A. takes	B. brings	C. makes	D. earns
84. A. upon	B. for	C. into	D. after
85. A. adjusted	B. created	C. adopted	D. presented
86. A. Of	B. Among	C. Between	D. Out of
87. A. exceptions	B. examples	C. events	D. cases
88. A. success	B. succeeded	C. successful	D. succeeding
89. A. encouraged	B. ordered	C. aimed	D. preferred
90. A. presently	B. at present	C. in time	D. on time

Paper Two（第二卷）

Part Ⅵ Proof Reading（10 points）

Directions: *Read each line carefully to find out the mistakes.*

1. If there is no mistake in the line, mark "√" on the right hand side.
2. If there is a redundant（多余的）word in the line, first write it off with a slanting line（\），and then write the word on the right hand side with the slanting line.

3. If there is a word missing in the line, put a missing word sign (∧) there and write the missing word on the right hand side.

4. If there is a wrong word in the line, draw a line under it and write the correct one on the right hand side.

Example:

When I have free time I go ∧ a long walk. Some	(1) for
people read ~~the~~ books or watch television while others have	(2) the
sports. Charles and Linda Mason do all of these things as	(3) √
well as climbed buildings.	(4) climb

In the 21 century, more and more people are becoming	91. ______
aware of the importance of regular physical training. As	92. ______
we know, many people work in offices during day and	93. ______
they usually watch TV or reading newspapers in the evening.	94. ______
It seems as that they don't have enough exercise which is	95. ______
essential to their health. Therefore, they should invest in	96. ______
their healthy. Some people are keen on playing football	97. ______
or table tennis, while others are fond swimming and walking.	98. ______
As far as I know it, jogging in the morning is a good exercise.	99. ______
It make people breathe fresh air and keep fit. Let's join in	100. ______
physical training.	

Part Ⅶ Composition (20 points)(任选一题)

***Directions**: Write on ONE of the following topics on the Composition Sheet. A 200 – 250 word limit is required.* (作文请写在作文纸上)

Ⅰ. ***Write a composition of no less than 200 words in three paragraphs. You are given the first sentence of each paragraph and are required to develop the idea in completing the paragraph. Your part of the composition should be no less than 200 words, not including the words given.***

Benefits of Reading Widely

1. In the modern society, it is important for people to read a lot. ______________________

2. The benefits of reading widely are summarized as follows. ______________________

3. My favorite book is ____

Ⅱ. ***Look at the following pictures and write a composition of no less than* 200 *words based on these pictures.***

Your school has received 10,000 dollars from a famous company and you are asked to make suggestions on how to spend the money. Write about the good points of the following ideas. The pictures below will help you.

We are very happy that our school has received 10,000 dollars from a famous company. Some students suggest that we should spend the money on books and computers. ________.

Other students think our school should increase more sports facilities. ________.

There are a few students who hope to make a trip to the park. ________.

In my opinion, ________.

Composition Sheet（作文纸）

历 史

答卷时间：2 小时

一、单项选择题（每小题 2 分，共 40 分）

1. 战国时期提示“民贵君轻”，“政在得民”主张的思想家是（　　）

A. 孟子　　B. 老子　　C. 墨子　　D. 孔子

2. 下列历史事件发生在西汉时期的是（　　）

A. 商鞅变法　　B. 光武中兴　　C. 张骞出使西域　　D. 班超经营西域

3. 曹操为解决军粮问题，招募流亡农民，实行（　　）

A. 租庸调制　　B. 屯田制　　C. 分封制　　D. 摊丁入亩

4. 下列不属于北宋时期王安石变法内容的是（　　）

A. 青苗法　　B. 募役法　　C. 方田均税法　　D. 军功法

5. 隋炀帝开凿运河的根本目的是（　　）

A. 攻打高丽　　B. 巡游江南　　C. 巩固统一局面　　D. 搜刮各地财富

6. 右图内容出自一部“被誉为中国 17 世界的工艺百科全书”的著作，作者为明末清初的宋应星，这部著作的名称是（　　）

A.《天工开物》　　B.《梦溪笔谈》

C.《齐民要术》　　D.《农政全书》

造纸工序示意图

7. 太平天国后期，洪仁玕提出了一份统筹全局的政策性纲领，名为（　　）

A.《天朝田亩制度》　　B.《资政新篇》

C.《天命诏旨书》　　D.《旧遗诏圣书》

8. 下列对中法战争的最终结局，描述正确的是（　　）

A. 法国不战而胜　　B. 中国不败而败

C. 法国惨败　　D. 中国大捷

9. 下列报刊中，不属于维新运动时期的报刊是（　　）

A.《知新报》　　B.《时务报》　　C.《湘学新报》　　D.《清议报》

10. 1911 年残酷镇压四川保路运动的四川总督是（　　）

A. 赵尔丰　　B. 刘坤一　　C. 张之洞　　D. 李鸿章

11. 1919 年五四爱国政治运动的导火线是（　　）

A. 日本占领山东　　B. 日本占领东北

C. 巴黎和会上中国外交的失败　　D. 袁世凯卖国

12. 1925 年 7 月，广东革命政府正式改组为（　　）

A. 国民政府　　B. 大元帅府　　C. 北洋政府　　D. 大总统府

13. 1935 年底发生的“一·二九”运动是一场声势浩大的抗日救亡运动，其参加者主要是（　　）

A. 工人　　B. 农民　　C. 学生　　D. 军人

14. 下列有关文艺复兴的表述，不正确的是（　　）

A. 它主要体现在文学艺术方面　　B. 它以意大利为中心向外扩散

C. “复兴”指的是对古典文化的复兴　　D. 它以反对教会为主要目的

15. 18 世纪后期英国工业革命中的技术革新首先发生于（　　）

A. 毛纺织行业　　B. 棉纺织行业

C. 交通运输行业　　D. 采矿冶铁行业

16. 1793 年在大革命的浪潮中被处决的法国国王是（　　）

A. 路易十四　　B. 路易十六

C. 查理一世　　D. 拿破仑一世

17. 17 世纪被称为“海上马车夫”的贸易强国是（　　）

A. 英国　　B. 葡萄牙　　C. 西班牙　　D. 荷兰

18. 罗斯福“新政”的核心是（　　）

A. 通过劳资谈判缓和社会矛盾　　B. 通过鼓励消费来刺激经济发展

C. 强化市场在调节经济中的作用　　D. 政府积极干预经济的运行

19. 斯大林时期苏联经济体制的特点是（　　）

A. 高度集中的计划经济　　B. 国有制与私有制并存

C. 国家调控与市场配置的结合　　D. 企业自主经营、自负盈亏

20. 20 世纪末期两极格局解体的标志是（　　）

A. 德国统一　　B. 不结盟运动的兴起

C. 苏联解体　　D. 欧盟成立

二、材料解析题（共 3 小题，40 分，其中第 21 小题 12 分，第 22 和 23 小题各 14 分）

21. 阅读下面的材料，解答问题（12 分）

材料一： 臣请史官非《秦纪》皆烧之。非博士官所职，天下敢有藏《诗》、《书》、百家语者，悉诣守、尉杂烧之。有敢偶语《诗》、《书》者，弃市。以古非今者，族。……所不去者，医药、卜筮、种树之书。

——（西汉）司马迁：《史记·秦始皇本纪》

材料二： 秦术戾儒，厥民斯酷，秦儒既坑，厥祀随覆。天复儒仇，儒祀而家，秦坑儒？儒坑秦耶？

——（唐）司空图：《铭秦坑》

材料三： 大是英雄之言，然下手太毒矣。当战国横议之后，势必至此。自是儒生千古一劫，埋怨不得李丞相、秦始皇也。

——（明）李贽：《史纲评要》卷四《后秦纪》

根据所学历史知识和材料内容，请回答：

（1）三则历史材料所指的历史事件是什么？（2 分）材料一里面的“臣”和材料三里

面的“李丞相”同指哪一个历史人物？（2 分）

（2）这一历史事件在当时起到了什么历史作用？（3 分）

（3）材料二和材料三是对这一历史事件的评论，结合所学过的历史知识，谈谈你对这两则评论的看法。（5 分）

22. 阅读下面材料，解答问题（14 分）

抗日战争开始时，一种抵抗敌人到底的民族感和决心的浪潮弥漫了全中国。统一战线的口号首先克服了一切中国国内的纠纷。国民党政府监狱中所有的因共产主义或左派活动而被拘禁的人都释放了，其他逃亡到国外的人也回国为民族事业而听从分配。抗日战争被认为是1927 年中断的革命战争的复活。甚至蒋介石也照孙逸仙的意思谈论战争对民族革命的重要性。因此，中国人对进犯的敌人所作的抵抗超出日本人最初的一切预料。

——傅吾康：《一百年来的中国革命：1851—1949》

结合所学历史知识和材料内容，请回答：

（1）“一切中国国内的纠纷”主要指什么（列举两种）？（4 分）“1927 年中断的革命战争”指哪一场革命战争？（2 分）

（2）抗日战争和 1927 年中断的革命战争相比较，有何不同？（8 分）

23. 阅读下面的材料，解答问题（14 分）

材料：美国冷战期间的国防开支表

年份	国防开支（以 1987 年美元价值计算，单位为十亿美元）	占美国国内生产总值的百分比	占美国联邦政府预算的百分比
1940	18. 1	1. 7	17. 5
1950	94. 6	5. 2	32. 2
1960	217. 9	9. 5	52. 2
1970	264. 4	8. 3	41. 8
1980	187. 1	5. 1	22. 7
1985	261. 2	6. 4	26. 7
1990	272. 3	5. 5	23. 9
1993	239. 5	4. 7	19. 6

注：数据引自皮特 · N. 斯特恩斯等著：《全球文明史》下册。

结合所学历史知识和材料内容，请回答：

（1）1940 年到 1950 年美国国防支出的三项指标均发生了什么变化？（2 分）造成这种变化的原因是什么？（3 分）

（2）从 1960 年到 1990 年，美国国防支出在国内生产总值和联邦政府预算中的比重都比较高，其原因是什么？（2 分）为何 60、70 年代这两项百分比最高？（3 分）

（3）1993 年与 1990 年相比，各项数据均有什么变化？（1 分）其原因是什么？（3 分）

三、简答题（本大题共 3 小题，任选 2 小题作答。每小题 20 分，共 40 分。请注明所答小题号）

24. 中国古代具有悠久的史学编撰传统，请列举出能够代表中国古代史学成就的四个朝代的史学家及其代表作。

25. 简述 1840 年前鸦片走私贸易给中国社会带来的严重危害。

26. 简述英国率先发生工业革命的原因。

四、论述题（本大题共 2 小题，任选 1 小题作答。两小题均为 30 分。本题不预设固定答案，考生可以表达个人见解。考生答题应观点明确，并能正确引用史实加以论证。请注明所答小题号）

27. 今年是辛亥革命一百周年。一直以来，人们对辛亥革命的成败，看法不一。有人认为，辛亥革命推翻了延续两千多年的封建君主专制制度，建立了近代意义上的民主共和制度，是一场伟大的、成功的政治革命。也有人认为，辛亥革命是一场失败的革命，并没有从根本上改变中国社会的现状，反而导致了民国初年政局的混乱及军阀割据局面的出现。请结合相关史实，谈谈你对辛亥革命成败的看法。

28. 西方不少学者认为近现代西方的军事征服和经济冲击有助于亚非拉地区扫除原有的制度障碍并走向现代化，但是亚非拉的学者们则倾向于认为西方的侵略造成了被征服地区的人员伤亡、财产损失、文化浩劫、经济的依赖性和不发达状态。请你结合相关史实，谈谈自己的观点。

地 理

答卷时间：2 小时

一、填空题（填对一空格得 1 分，全题共 20 分）

1. 宇宙中天体转动有公转和自转两种形式，地球围绕太阳转动叫________转，月球围绕地球转动叫________转，地球绕地轴的转动叫________转。

2. 由于海水热容量比陆地热容量________，受热和散热都比陆地________，所以大陆上的气温在夏季比海洋高，在冬季比海洋低。

3. 东八区的区时与东二区的区时相差________小时。

4. 在 1:1 000 000 的地图上，量出两地的直线距离是 2 厘米，按比例尺计算，可知道这两地的实际距离大约是________公里。

5. 根据气候类型的分布规律，一般在南北纬 30°～40°的大陆西岸应属________气候，在南北纬 40°～60°的大陆西岸应为________气候。而在北纬 50°～70°的广大地区应属________气候。

6. 西亚石油资源十分丰富，主要分布在____________沿岸，重要产油国有________、____________、____________、____________和____________。

7. 北极的暖季及极昼现象都出现在每年的________月至________月间。

8. 每年__________月，夏季风的暖湿气流与从北方南下的冷空气在南岭一带形成了________雨，使这里成为中国的多雨中心。

二、单项选择题（选对一题得 3 分，全题 60 分）

1. 洛杉矶和上海地理纬度相近，但两地的气候类型不同，主要原因是（　）

A. 两地所处的气压带、风带不同　　B. 两地的太阳辐射不同

C. 两地的海拔高度不同　　D. 两地所处的海陆位置不同

2. 一年中冬季多雨的地区分布在（　）

A. 南北纬 40°～60°的大陆西岸　　B. 南北纬 30°～40°的大陆西岸

C. 南北纬 30°～40°的大陆东岸　　D. 赤道附近地带

3. 人种语言、文化、宗教相似的地区是（　）

A. 南非和中非　B. 东南亚与南亚　C. 南亚和西亚　D. 北非和西亚

4. 关于欧洲西部气候的叙述，正确的是（　）

A. 自西向东，降水量逐渐增加

B. 自西向东，海洋性逐渐增强

C. 与亚洲同纬度地区相比，冬季温和，夏季更炎热

D. 与亚洲同纬度地区相比，全年降水的季节分配比较均匀

5. 拉丁美洲的范围是（　　）

A. 包括美国及其以南的整个美洲地区　　B. 美国以南的整个美洲地区

C. 巴拿马以南的美洲地区　　D. 墨西哥以南的美洲地区

6. 对中国季风区降水影响最显著的季风是（　　）

A. 西北季风　　B. 东南季风　　C. 西南季风　　D. 东北季风

7. 中国东部季风区，因锋面移动产生的雨带推移现象最为明显，5 月、6 月，以及 7、8 月份，雨带分别在哪些地区（　　）

A. 南岭，长江中下游江淮一带，华北和东北

B. 南岭，华北和东北，长江中下游江淮一带

C. 华北和东北，长江中下游江淮一带，南岭

D. 华北和东北，南岭，长江中下游江淮一带

8. “远看是山，近看成川”是下列哪个高原的特征描述（　　）

A. 内蒙古高原　　B. 云贵高原　　C. 黄土高原　　D. 青藏高原

9. 以下地区夏季气温最低的是（　　）

A. 吐鲁番　　B. 武汉　　C. 青藏高原　　D. 海南岛

10. 我国东部地区的雨季，由南向北（　　）

A. 开始的时间愈来愈晚　　B. 持续的时间愈来愈长

C. 结束的时间愈来愈晚　　D. 降水强度愈来愈小

11. 以下景点与省市对应完全正确的是（　　）

A. 敦煌石窟—甘肃省，白马寺—青海省

B. 承德避暑山庄—辽宁省，故宫—北京市

C. 华山—陕西省，黄山—安徽省

D. 青海湖—青海省，日月潭—海南省

12. 我国的秦岭—淮河一线是（　　）

A. 热带与亚热带的分界线　　B. 暖温带与寒温带的分界线

C. 半湿润与半干旱地区的分界线　　D. 湿润与半湿润地区的分界线

13. 气候类型成南北对称分布的大洲是（　　）

A. 非洲　　B. 亚洲　　C. 南美洲　　D. 欧洲

14. 下面四个地方，一天中最迟见到落日的是（　　）

A. 东京　　B. 北京　　C. 伦敦　　D. 巴黎

15. 南半球某地有一口井，一年中有一天太阳光直射井底，这一天是（　　）

A. 春分日　　B. 夏至日　　C. 秋分日　　D. 冬至日

16. 有 A、B 两地，A 地位于北纬 60°、东经 110°，B 地位于北纬 35°、西经 10°，问 A 地位于 B 地的（　　）

A. 东北方　　B. 东南方　　C. 西北方　　D. 西南方

17. 南美大陆上，同纬度的东部和西部气候差异很大，其主要的原因是（　　）

A. 受海洋影响　　B. 受海陆分布影响

C. 受地形影响　　D. 受季风影响

18. 中国动植物资源及农作物种类极其丰富的原因是（　　）

A. 气候复杂多样　　B. 行政区域数量众多

C. 自然灾害较少　　D. 夏季雨热同期

19. 影响太阳辐射强度的主要因素是（　　）

A. 云层厚薄　　B. 太阳高度角　　C. 海拔高低　　D. 海陆差异

20. 有关板块学说的叙述，正确的是（　　）

A. 全球岩石圈分为七大板块

B. 板块碰撞都形成高山

C. 板块张裂地区常形成裂谷或海洋

D. 火山、地震主要集中分布在板块内部

三、判断改正题（答案用符号填入括号内，正确符号：√；不正确符号：×。需改正的，请在保留有下划线的词或句子的基础上写出正确句子。每小题 2 分，共 10 分）

1. 世界两大地震带分布在大西洋沿岸和地中海—喜马拉雅山脉。（　　）

2. 北印度洋海区的季风洋流，夏季受西南季风影响，洋流呈逆时针方向流动；冬季受东北季风影响，洋流呈顺时针方向流动。（　　）

3. 影响气候的主要因素是太阳辐射、锋面活动和气团运动。（　　）

4. 澳大利亚是世界上最大的商品谷物农业生产国。（　　）

5. 目前，中国环境污染最主要的原因是：农业生产过程中施用过量的农药、化肥而造成的环境污染。（　　）

四、填表与连线题（全题 40 分）

1. 将太阳直射点与北半球昼夜长短的变化情况填入下表：

日期	太阳直射点	北半球昼夜长短情况
春分、秋分		
夏至		
冬至		

2. 下列客货运输各以何种运输方式为宜，分别用直线连接起来。

①北京的两箱急救药品——昆明　　A 海运

②大庆的石油——大连　　B 铁路

③中国援助日本地震的万吨燃油——日本　　C 管道

④东北的木材——徐州　　D 公路

⑤深圳的鲜活家禽——香港　　E 河运

⑥芜湖的万吨大米——上海　　F 航空

3. 填写下列五种气候类型的主要特征：

气候类型	主要特征
地中海气候	
温带季风气候	
温带大陆性气候	
温带海洋性气候	
热带雨林气候	

五、读图分析题（每小题 10 分，全题 20 分）

1. 读西半球图回答下列问题。

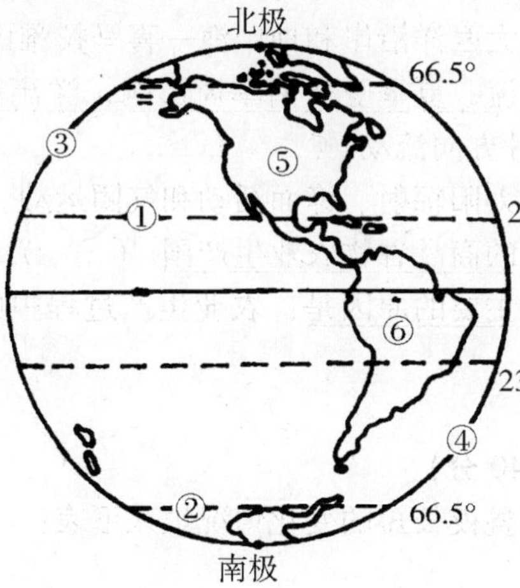

（1）图中数码代表的纬线名称：①________，②________。

（2）图中数码代表的经线度数：③________，④________。

（3）根据五带划分：⑤处属________带，⑥处属________带。

（4）按经济发展水平：⑤处所属国家为________国家，⑥处所属国家为________国家。

2. 读世界年平均气温分布图，回答下列问题。

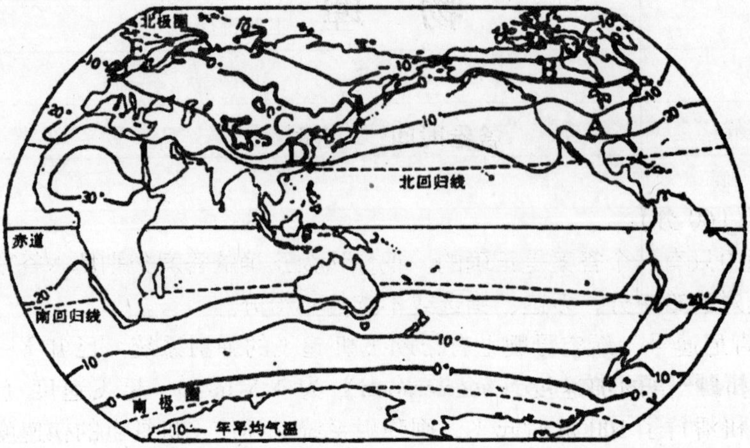

（1）年平均气温在20℃以上的地带与五带中的________带范围大体相同，其中气温最 高的地区在________洲北部，年平均气温超过________℃。

（2）气温高低比较：纬度不同的A、B两地，A处气温比B处气温________，原因是A处________；纬度相同的C、D两地，C处气温比D处________，原因是C处________。

（3）北半球从低纬到高纬，年平均气温相差________℃以上，比南半球的差距大，原因是北半球________面积广。

物　理

答卷时间：2 小时

一、选择题（60 分）

以下各小题中只有一个答案是正确的，把你认为正确的答案分别填入答题纸对应的表格中。每小题选对的给 4 分，多选、错选或不选的不给分。

1. 美国“肯尼迪号”航空母舰上有帮助飞机起飞的弹射系统，已知 F－A15 型战斗机在跑道上加速时产生的加速度（acceleration）为 4.5 m/s^2，起飞速度（velocity）为 50 m/s，若该飞机滑行了 100 m 时起飞，则弹射系统必须使飞机具有的初速度为(　　)

A. 30 m/s　　B. 40 m/s　　C. 20 m/s　　D. 10 m/s

2. 如右图所示，ad、bd、cd 是竖直面内的三根固定的光滑细杆，a、b、c、d 位于同一圆周上，a 点为圆周上最高点，d 点为圆周上最低点。每根杆上都套有一个小圆环，三个圆环分别从 a、b、c 处由静止释放，用 t_1、t_2、t_3 依次表示各环到达 d 点所用的时间，则（　　）

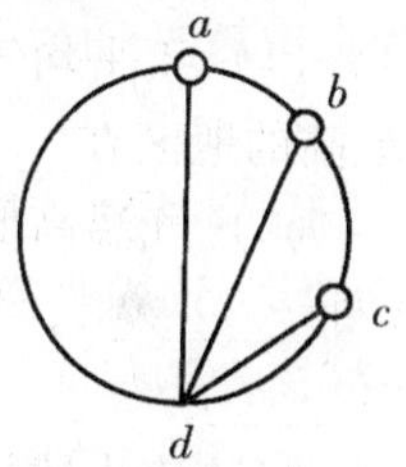

A. $t_1 < t_2 < t_3$　　B. $t_1 > t_2 > t_3$

C. $t_3 > t_1 > t_2$　　D. $t_1 = t_2 = t_3$

3. 关于一对作用力与反作用力在作用过程中，它们的总功（total work）W 和总冲量（total impulse）I，下列说法中正确的是(　　)

A. 总功 W 一定等于零，总冲量 I 可能不等于零

B. 总功 W 可能不等于零，总冲量 I 一定等于零

C. 总功 W 和总冲量 I 一定都等于零

D. 总功 W 和总冲量 I 可能都不等于零

4. 一弹簧振子在水平面内做简谐运动（simple harmonic motion），当振子每次经过同一位置时，不一定相同的物理量是（　　）

A. 速度　　B. 加速度

C. 动能（kinetic energy）　　D. 弹性势能（elastic potential energy）

5. 某紫外线的频率（frequency）是 7.5×10^{14} Hz，则它的波长（wavelength）是(　　)

A. 2.25×10^{23} m　　B. 2.5×10^{6} m　　C. 4×10^{-7} m　　D. 2.25×10^{-7} m

6. 以下叙述中，正确的是（　　）

A. 凸透镜只能成实像　　B. 凹透镜只能成虚像

C. 凸面镜可以成实像　　D. 凹面镜只能成虚像

7. 某放射性元素经过 11.4 天有 7/8 的原子核发生了衰变，则该元素的半衰期（half-life）为（　　）

A. 11.4 天　　B. 7.6 天　　C. 5.7 元　　D. 3.8 天

8. 氢原子最低的四个能级依次为 E_1、E_2、E_3、E_4（$E_1 < E_2 < E_3 < E_4$）。在这四个能级之间的跃迁中，能产生最大频率的光子的跃迁是（　　）

A. $E_2 \to E_1$ 的跃迁　　B. $E_3 \to E_2$ 的跃迁

C. $E_4 \to E_1$ 的跃迁　　D. $E_4 \to E_3$ 的跃迁

9. 下列说法正确的是（　　）

A. 电场强度的大小 E 与电场力的大小 F 成正比，与电荷 q 成反比

B. 电场强度的方向总是与电场力的方向一致

C. 负电荷受到电场力的方向一定与电场强度方向相反

D. 电场线可能是一些实际存在的曲线

10. 有一台额定值为“220 V，50 W”的电风扇，其线圈电阻为 0.4 Ω，在它正常工作时每分钟产生的电热为（　　）

A. 1.24 J　　B. 3 000 J　　C. 7.6×10^6 J　　D. 0.021 J

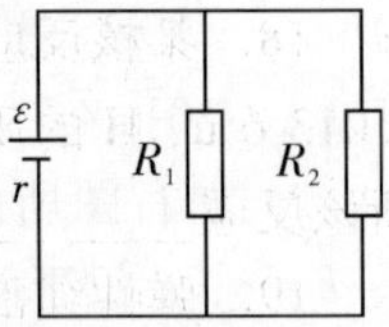

11. 如图所示电路中，r 是电源的内阻，R_1 和 R_2 是外电路中的电阻，如果用 P_r、P_1 和 P_2 分别表示电阻 r、R_1 和 R_2 上所消耗的功率，当 $R_1 = R_2 = r$ 时，$P_r : P_1 : P_2$ 等于（　　）

A. 1∶1∶1　　B. 2∶1∶1

C. 1∶4∶4　　D. 4∶1∶1

12. 让原来静止的氢核（$^1_1$H）、氘核（$^2_1$H）和氚核（$^3_1$H）的混合物通过同一电场后，各种核将具有（　　）

A. 相同的速度　　B. 相同的动能

C. 相同的动量　　D. 以上物理量都不相同

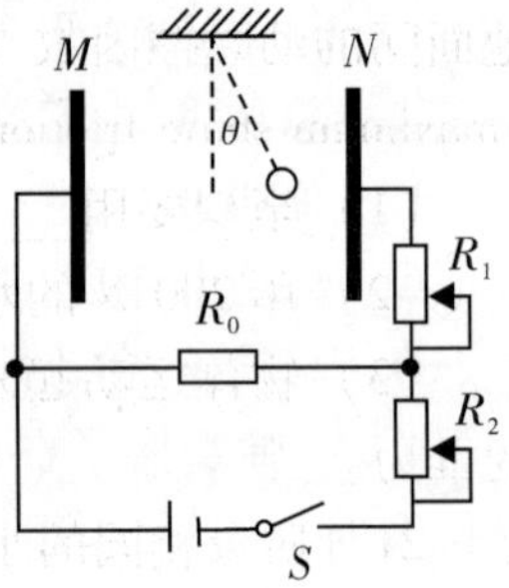

13. 如右图所示，M、N 是平行板电容器的两个极板，R_0 为定值电阻，R_1、R_2 为可调电阻，用绝缘细线将质量为 m、带正电的小球悬于电容器内部。闭合开关 S，细线与竖直方向呈 θ 角。若调节 R_1、R_2，关于 θ 角的变化判断正确的是（　　）

A. 保持 R_1 不变，缓慢增大 R_2 时，θ 角将变大

B. 保持 R_1 不变，缓慢增大 R_2 时，θ 角将变小

C. 保持 R_2 不变，缓慢增大 R_1 时，θ 角将变大

D. 保持 R_2 不变，缓慢增大 R_1 时，θ 角将变小

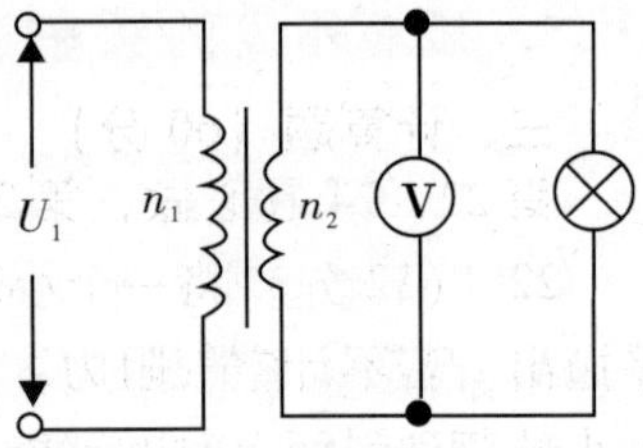

14. 一理想变压器原、副线圈匝数比为 $n_1 : n_2 = 10 : 1$，如图所示。在原线圈中输入交变电压，其瞬时表达式为 $U_1 = 220\sqrt{2}\sin(100\pi t)$ V，在副线圈两端接入一灯泡和一只交流电压表，下面说法正确的是（　　）

A. 电压表的示数为 22 V

B. 电压表的指针周期性左右偏转

C. 输出交变电压频率为 5 Hz

D. 灯泡承受电压的最大值是 22 V

15. 下面的叙述正确的是（　　）

（1）物体的温度升高，物体中分子热运动加剧，所有分子的热运动动能都增大

（2）对汽缸内的气体加热，气体的内能可以全部用来对外做功

（3）分子间的引力随着分子距离增大而减小，斥力随着分子间距离减小而增大

（4）布朗运动是液体分子对悬浮颗粒碰撞作用不平衡造成的

A.（1）（2）　　B.（3）（4）　　C.（1）（3）　　D.（2）（4）

二、填空题（30 分）

在以下各小题横线上填入（写在答题纸上）你认为正确的答案（每空 3 分）。

16. 两束光能够发生干涉（interference）的必要条件是________。

17. 介质甲对空气的全反射临界角（critical angle）为 45°，介质乙对空气的全反射临界角为 60°，则光在介质甲、乙中的传播速度之比为________。

18. 某核反应方程为 ${}_1^2\text{H}+{}_1^3\text{H}\longrightarrow{}_2^4\text{He}+\text{X}$，则 X 粒子是________。已知 ${}_1^2\text{H}$ 的质量为 2.013 6 u，${}_1^3\text{H}$ 的质量为 3.018 u，${}_2^4\text{He}$ 的质量为 4.002 6 u，X 的质量为 1.008 7 u，则可判断该反应________（选填“吸收”或者“释放”）能量。

19. 弹性绳沿 x 轴放置，左端位于坐标原点，用手握住绳的左端，当 $t=0$ 时使其开始沿 y 轴做振幅为 8 cm 的简谐振动，在 $t=0.25$ s 时，绳上形成如图所示的波形，这时距原点 5 cm 处的质点恰好开始做简谐振动，则该波的波速（wave velocity）为________cm/s。

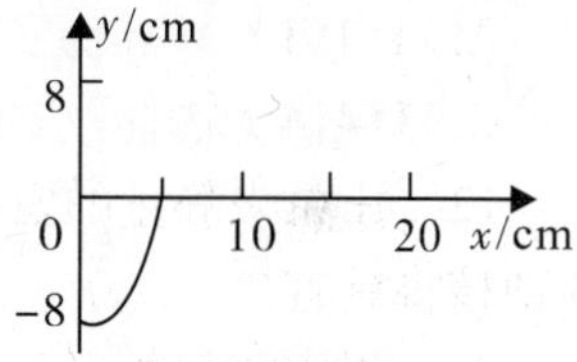

20. 某物体所受的重力为 500 N，放置在水平地面上，它与地面间的动摩擦因数（coefficient of sliding friction）是 0.56，它与地面间的最大静摩擦力（maximum static frictional force）是 300 N。

（1）至少要用________N 的水平力，才能把物体推动。

（2）用 200 N 的水平方向的力推物体，则地面对物体的摩擦力是________N。

（3）物体运动起来以后，若使其保持匀速直线运动，应在水平方向施加________N 的推力。

21. 质量相同的小球 A 和 B 系在轻质弹簧（质量可忽略）两端，用细线悬挂起来，如图所示，在剪断绳子的瞬间，A 球的加速度为________，B 球的加速度为________。

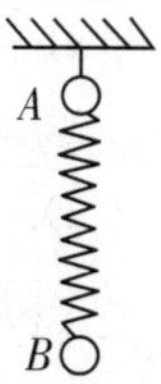

三、计算题（60 分）

第 22 ~ 24 题必做，第 25 ~ 28 题选做两题。

22.（12 分）将一个小球以 12 J 的初动能从倾角为 45° 的斜面顶端水平抛出。若不计空气阻力，并假设斜面足够长，小球最终会落到斜面上，则小球落到斜面上时的动能是多少？

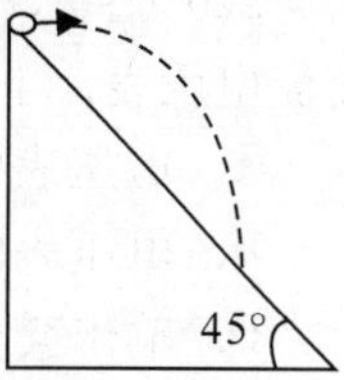

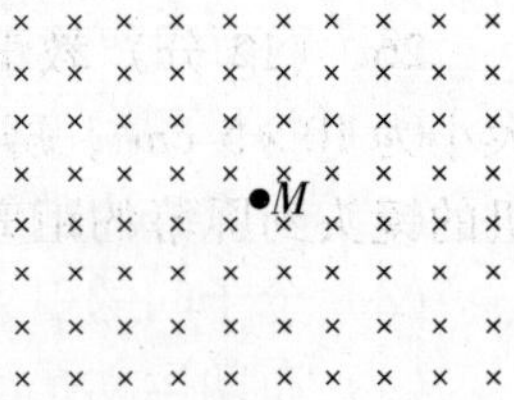

23.（12分）一带负电荷的微粒，质量为 m，电量大小是 q，将它以一定初速度在匀强磁场中的 M 点释放后，它就做匀速直线运动。已知匀速磁场的磁感应强度大小为 B，方向垂直纸面向内，如图所示。设空气对微粒的阻力大小恒为 f。问：

（1）微粒能在竖直方向做匀速直线运动吗？为什么？

（2）微粒运动的速度大小为多少？方向如何？

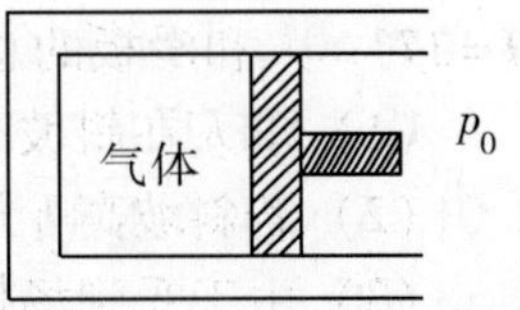

24.（12分）一定质量的气体被一活塞封闭在一水平放置的气缸内，外界为大气。对气体进行缓慢加热，气体吸收了420 J的热量，同时受热膨胀，体积增加了 $3.0\times10^{-3}\ \text{m}^3$，已知大气压 $p_0=1.0\times10^5\ \text{Pa}$，活塞与汽缸壁无摩擦。求：

（1）气体对外界做了多少功？

（2）气体的内能（internal energy）改变了多少？是增加还是减少？

以下第25～28题选做两题。

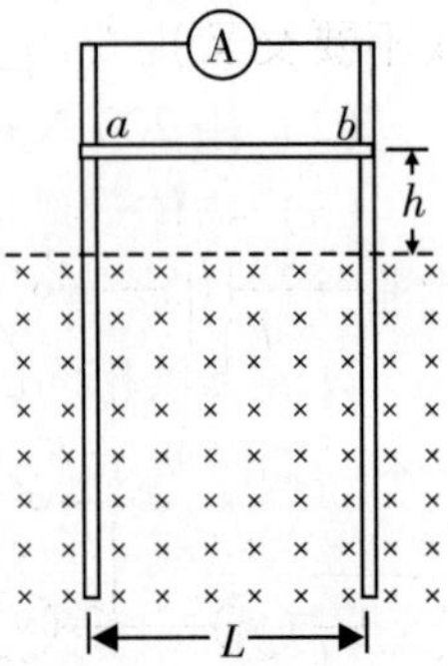

25.（12分）如图所示，两足够长的光滑金属导轨竖直放置，相距为 L，一理想电流表与两导轨相连，匀强磁场与导轨平面垂直，方向向内。一质量为 m、有效电阻为 R 的导体棒 ab 在距磁场上边界 h 处静止释放。导体棒进入磁场后，流经电流表的电流逐渐减小，最终稳定为 I。整个运动过程中，导体棒与导轨接触良好，且始终保持水平，不计导轨的电阻。

（1）电流表稳定之前，导体棒做什么运动？

（2）试计算磁感应强度的大小 B 和导体棒最终运动速度的大小 v。

（3）若导体棒一进入磁场区域，电流表读数就维持为 I 不变，h 应为多高？

26.（12 分）教学用的幻灯机（slide projector），镜头焦距 $f = 10$ cm，其底片的面积大小为 10×5 cm^2，屏幕规格为 2.5×2 m^2，要想在屏幕上得到最大的完整画面，则幻灯机的镜头到屏幕的距离应多远？

27.（12 分）如图所示，人坐在滑板上从斜坡的高处 A 点由静止开始下滑，滑到斜坡底部 B 点后沿水平滑道再滑行一段距离到 C 点停下来。斜坡滑道与水平滑道间是平滑连接的，滑板与两滑道间的动摩擦因数 $\mu = 0.50$，斜坡倾角 $\theta = 37°$，人和滑板的总质量为 $m = 60$ kg，不计空气阻力，重力加速度 $g = 10$ m/s^2。

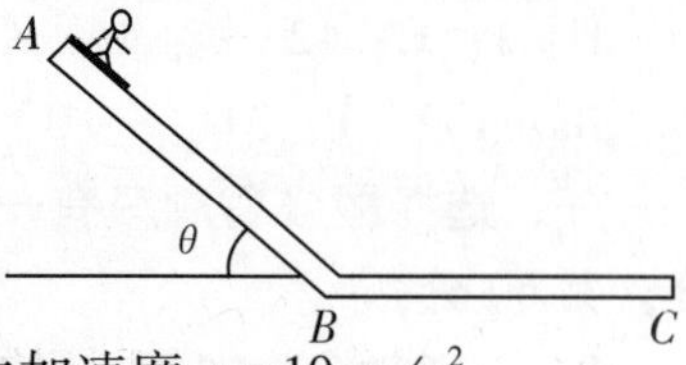

（1）求人在斜坡上下滑时的加速度大小。（sin37° = 0.6，cos37° = 0.8）

（2）若斜坡高 $h = 30$ m，则人和滑板在 BC 面上滑行的位移有多大？

（3）由于受到场地的限制，A 点到 C 点的水平距离 $L = 50$ m，为确保人身安全，假如你是设计师，你认为在设计斜坡滑道时，对高度应有怎样的要求？

28.（12 分）为了测量两节串联干电池的电动势，某同学设计了以下图（a）所示的实验电路。其中，E 是待测电池组，内阻不能忽略；V_1、V_2 是两只量程都合适的电压表，内阻不是很大，且未知；S_1、S_2 是开关；导线若干。

（1）请根据电路，在以下图（b）的实物图中连线，将器材连成实验电路（请注意连线不要交叉）。

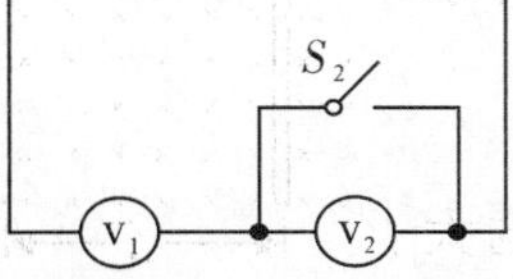

（a）

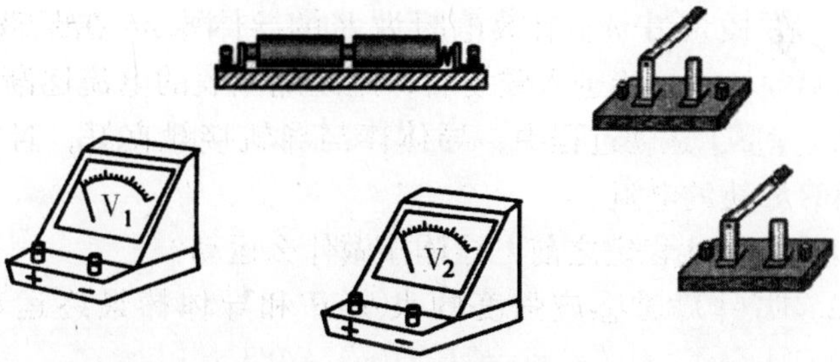

（b）

（2）开关 S_1 和 S_2 都闭合时，电压表 V_2 的读数是________。

（3）闭合 S_1，断开 S_2，此时 V_1、V_2 的示数分别为 U_1、U_2。而 S_1 和 S_2 都闭合时，V_1 的示数为 U，则该串联电池组的电动势为________（要求写出推导过程）。

化 学

答卷时间：2 小时

H：1　C：12　O：16　Cl：35.5　Na：23　N：14　S：32　Mg：24　Al：27

Ba：137　P：31　K：39　Fe：56　Ca：40　Cu：64

一、选择题（每题只有一个正确答案，请将正确答案的代号填入答题卡，每小题 3 分，共 60 分）

1．下列化合物中氯元素的化合价最高的是（　　）

A．$FeCl_3$　　B．NaClO　　C．$KClO_3$　　D．$HClO_4$

2．根据化学方程式 $A + NaOH = B + H_2O$ 推断，B、A 的相对分子质量相差（　　）

A．12　　B．18　　C．22　　D．40

3．下列有关溶液的说法，正确的是（　　）

A．凡是均一、稳定的液体都是溶液

B．所有溶液中的溶剂都是水

C．所有固体物质的溶解度都随温度的升高而增加

D．20 ℃时，136 g 饱和食盐水中含 36 gNaCl，则 20 ℃时 NaCl 的溶解度为 36 g

4．决定元素种类的是（　　）

A．质子数　　B．中子数　　C．电子数　　D．最外层电子数

5．下列变化过程中不需破坏化学键的是（　　）

A．氯化铵加热分解　　B．I_2 的升华

C．水通电分解　　D．氯化氢溶于水

6．下列分子中，属于含有极性键的非极性分子的是（　　）

A．H_2O　　B．Cl_2　　C．NH_3　　D．CCl_4

7．1 g 氢气在氧气里燃烧生成气态水，同时放出 120.9 kJ 的热量，下列热化学方程式正确的是（　　）

A．$2H_2 + O_2 = 2H_2O + 120.9\ kJ$

B．$2H_2(g) + O_2(g) = 2H_2O(g) - 483.6\ kJ$

C．$2H_2(g) + O_2(g) = 2H_2O(g) + 483.6\ kJ$

D．$2H_2(g) + O_2(g) = 2H_2O(g) + 120.9\ kJ$

8．把石灰石浸入盐酸中，下列措施能使反应速率增大的是（　　）

A．加大盐酸用量　　B．增大盐酸浓度

C．减小体系压强　　D．增大体系压强

9．向 10 mL pH 为 4 的溶液中加入等体积的下列试剂，混合液的 pH 肯定增大的是(　　)

A．盐酸　　B．氢氧化钠溶液

C. pH 为 4 的溶液　　D. 稀硫酸

10. 由于容易被空气中的氧气氧化而不宜长期存放的溶液是（　　）

A. 高锰酸钾溶液　　B. 硫化氢溶液

C. 硝酸银溶液　　D. 氯化铁溶液

11. 在氧化还原反应中，水作为氧化剂的是（　　）

A. $C + H_2O \xlongequal{高温} CO + H_2$

B. $3NO_2 + H_2O \xlongequal{} 2HNO_3 + NO$

C. $2Na_2O_2 + 2H_2O \xlongequal{} 4NaOH + O_2\uparrow$

D. $2F_2 + 2H_2O \xlongequal{} 4HF + O_2$

12. 下列含氧化合物不需要加热，也可以直接产生 O_2 的是（　　）

A. $KClO_3$　　B. MnO_2　　C. H_2O_2　　D. Fe_3O_4

13. 为了鉴别某白色纺织品的成分是蚕丝（蛋白质）还是人造丝（合成纤维），可选用的方法是（　）

A. 滴加酒精　　B. 滴加食盐水　　C. 灼烧　　D. 滴加食醋

14. 下列分离提纯物质的实验方法，正确的是（　　）

A. 分离食盐水和沙的混合物，分液

B. 分离四氯化碳和苯的混合物，萃取

C. 分离汽油和水的混合物，过滤

D. 从 KNO_3 和 NaCl 的混合液中提取 KNO_3，结晶

15. 下列不属于乙烯的用途的是（　　）

A. 制塑料　　B. 作催熟剂　　C. 作灭火剂　　D. 制包装袋

16. 下列关于甲烷性质的叙述正确的是（　　）

A. 甲烷是一种无色、无味、易溶于水的气体

B. 甲烷性质较稳定，不能与酸性高锰酸钾反应

C. 甲烷燃烧是吸热反应

D. 将甲烷通入氯水中能发生取代反应

17. 下列关于苯叙述正确的是（　　）

A. 苯只能以石油为原料而获得

B. 苯分子中含有碳碳双键，所以它属于烯烃

C. 苯分子中有 6 个碳碳化学键完全相同

D. 苯可以使溴水、高锰酸钾溶液反应而褪色

18. 下列酒类饮品中酒精含量最高的是（　　）

A. 白酒　　B. 啤酒　　C. 葡萄酒　　D. 黄酒

19. 下列物质中互为同分异构体的是（　　）

A. 淀粉和纤维素　　B. 淀粉和葡萄糖

C. 果糖和葡萄糖　　D. 蔗糖和葡萄糖

20. 下列关于油脂的叙述不正确的是（　　）

A. 油脂属于酯类

B. 油脂没有固定的熔沸点

C. 油脂是高级脂肪酸的甘油酯

D. 油脂都不能使溴水褪色

二、填空题（每空1分，共15分）

1. 用化学用语填空：2个氮分子________；m个铝离子________；硫酸铁________；能保持氧气化学性质的粒子________；氯化钡溶于水电离出离子________和________。

2. 现有氧气、氢气、一氧化碳、二氧化碳四种物质，按要求填空：具有可燃性和还原性的是______和________；通入紫色石蕊试液，试液变红的是________；能支持硫燃烧，燃烧时发出明亮的蓝紫色火焰的是________；________是无污染的新型能源；________（固体）可用于人工降雨；________是有毒气体，但可用于冶炼铁。

3. 下列实验操作都要用到玻璃棒，a. 蒸发，b. 过滤，c. 溶解，d. 向容量瓶转移液体，其中玻璃棒作用相同的是________和________。

三、问答题（共45分）

1. （本题8分）A、B、C为短周期元素，在周期表中所处的位置如图所示。A、C两元素的原子核外电子数之和等于B原子的质子数。B原子核内质子数和中子数相等。B的气态氢化物是一种有腐蛋气味的气体。

A		C
	B	

（1）C在元素周期表中的位置是：

____

（2）写出B原子结构示意图。

____

（3）C的氢化物与B的氢化物的稳定性强弱顺序为：

____

（4）写出A的气态氢化物与A的最高价氧化物对应水化物反应的化学方程式。

____

2. （本题10分）对下列溶液进行同样的加热操作，会出现不同的结果。

（1）将碳酸钾溶液蒸干得到的固体物质是碳酸钾，原因是什么？

____

（2）将碳酸氢钡溶液蒸干得到的固体物质是碳酸钡，原因是什么？

____

（3）将亚硫酸钠溶液蒸干得到的固体物质是硫酸钠，原因是什么？

____

（4）将氯化铝溶液蒸干得到的固体物质是氢氧化铝和氧化铝，原因是什么？

____

（5）盐酸和硫酸的浓度均为 1 mol/L 的混合酸 10 mL，加热浓缩至 1 mL，最后溶液的浓度为 10 mol/L，原因是什么？

____

3.（本题 8 分）为研究炼铁原理，在实验室的通风橱内利用如下图所示装置（其他实验用品略），进行一氧化碳与氧化铁反应的实验。

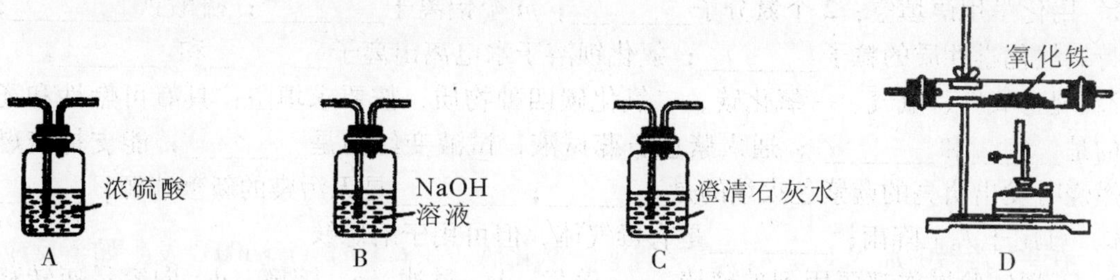

（1）实验室制得的一氧化碳中常混有二氧化碳和水蒸气，欲用纯净、干燥的一氧化碳还原氧化铁并检验生成的气体，上述装置的正确连接顺序是（填装置序号，装置不得重复使用）：

制得的 CO→______________________________

（2）装置 A 的作用是什么？

____

（3）写出装置 D 的玻璃管内发生反应的化学方程式：

____

（4）该实验产生的尾气会造成环境污染，请提出处理尾气的方法：

____

4.（本题 19 分）请根据以下化合物填空：a. 甲烷，b. 乙烯，c. 乙炔，d. 苯，e. 乙醇，f. 苯酚，g. 乙醛，h. 乙酸，i. 乙酸乙酯。

（1）能使高锰酸钾溶液褪色的烃是________。

（2）能使溴水褪色的烃是________。

（3）能跟固体金属钠反应的是________。

（4）能跟新制的氢氧化铜悬浊液反应的是________。

（5）能发生银镜反应的是________。

（6）能发生加成反应的烃是________。

（7）能发生水解反应的是________。

（8）能发生酯化反应的是________。

（9）能发生消去反应的是________。

（10）具有弱酸性的是________。

四、计算题（从以下 3 题中任选 2 题，每题 15 分，共 30 分）

1. 在电缆生产过程中会产生一定量的含铜废料。据报道，在通入空气并加热的条件下，铜与稀硫酸反应转化为硫酸铜。

（1）请配平该反应的化学方程式。$Cu + H_2SO_4 + O_2 \xlongequal{\triangle} CuSO_4 + H_2O$。（2）若选用的稀硫酸溶质的质量分数为12%，则用100 mL 98%的浓硫酸（密度为1.8 g/cm^3）配制该稀硫酸，需加水多少克？（3）取一定量上述稀释后的硫酸（其中含溶质98 g）与铜恰好完全反应，假设硫酸不与其他杂质反应，则反应后硫酸铜溶液的质量为多少？

2. 在4 L容器中加入18 g水蒸气，28 g一氧化碳，在t ℃时（$t>100$）发生如下反应：$CO + H_2O(g) \rightleftharpoons CO_2 + H_2$，在最初5 s内，一氧化碳的平均反应速率是0.02 mol/(L·s)，求：

（1）5 s末时，容器内一氧化碳的浓度；

（2）5 s末时，容器内水蒸气的浓度；

（3）5 s末时，容器内二氧化碳的质量。

3. 将两个铂电极插入500 mL $CuSO_4$溶液中进行电解，通电一段时间后，其中一个电极增重0.064 g（设电解时该电极上无氢气析出，且不考虑水解和溶液体积的变化）。（1）写出电解的离子方程式；（2）求此时溶液中氢离子的浓度。

生　物

答卷时间：2小时

一、选择题（每小题2分，共60分，每小题只有一个正确答案）

1．免疫对机体（　　）

A．有利　　B．有害

C．正常情况下有利，某些条件下有害　　D．无利也无害

2．下列选项中，含有大量磷脂的为（　　）

A．核糖体　　B．中心体　　C．线粒体　　D．细胞壁

3．如检测某样品中是否含有蛋白质，应选用的试剂为（　　）

A．碘液　　B．苏丹Ⅲ溶液　　C．双缩脲试剂　　D．斐林试剂

4．下列有关减数分裂的叙述，哪一句是错误的（　　）

A．每次细胞分裂之间DNA都进行复制

B．细胞分裂前期的染色体都含有两条染色单体

C．在前期I每条染色体与其同源染色体进行配对

D．细胞质分裂在染色体移向两极之后进行

5．下列哪一种矿质营养在光合作用中直接参与光的吸收（　　）

A．Zn^{2+}　　B．Cu^{2+}　　C．Mg^{2+}　　D．Ca^{2+}

6．当细胞质进行分裂，核膜重新形成和核仁重新出现时，此时的有丝分裂时期称为(　　)

A．前期　　B．中期　　C．后期　　D．末期

7．将DNA的复制方式称为半保留复制的原因为（　　）

A．在每一个细胞周期中有一半DNA进行了复制

B．每一个新的DNA分子含有原来DNA分子中的一条链

C．在复制过程中一半DNA分子被毁

D．在分裂的细胞中只有一半细胞发生DNA复制

8．下列有关基因突变的叙述，哪一句是错误的（　　）

A．突变位点是可预测的

B．突变对生物体的生存可能是有害的，也可能是有利的或中性的

C．突变是随机的

D．突变是可遗传的

9．兔子的短毛（F）对长毛（f）显性，两只杂合短毛兔（Ff）交配所得的子代中短毛兔的概率为（　　）

A．25%　　B．50%　　C．75%　　D．100%

10. 红绿色盲是隐性伴性遗传性状。一个视力正常的非携带者女性与一个色盲男性结婚，他们生红绿色盲儿子的概率为（　　）

A. 0%　　B. 25%　　C. 50%　　D. 75%

11. 人类基因组计划研究工作的开展是为了（　　）

A. 到2003年能治疗所有的遗传病

B. 对22条常染色体、X和Y性染色体即约30亿个碱基对进行测序

C. 用人工染色体替换人类染色体

D. 产生遗传上完美的人类

12. 科学家发现，澳洲野狗比美国国内的其他狗更像南卡罗来纳州的野狗。为了证明南卡罗来纳州的野狗与澳洲野狗的亲缘关系更近，下述证据中哪一种为最佳证据（　　）

A. 狗群的前臂的X射线照片

B. 狗群的大脑尺寸的平均值

C. 狗群的血型

D. 狗群的DNA序列

13. 从胃进入十二指肠的食糜中，与吃进口的面包成分相比增加了（　　）

A. 麦芽糖和氨基酸　　B. 葡萄糖和氨基酸

C. 麦芽糖和多肽　　D. 葡萄糖和多肽

14. 在人体中，占体重50%以上的物质为（　　）

A. 糖类　　B. 脂类　　C. 蛋白质　　D. 水分

15. 下列器官疾病中，可能与大气污染直接有关的为（　　）

A. 呼吸器官疾病　　B. 消化器官疾病

C. 内分泌器官疾病　　D. 神经器官疾病

16. 人体分泌胆汁的消化腺为（　　）

A. 唾液腺　　B. 肝脏　　C. 胰腺　　D. 肠腺

17. 人体神经系统的基本结构和功能单位为（　　）

A. 树突　　B. 轴突　　C. 细胞体　　D. 神经元

18. 下列不属于种内竞争的为（　　）

A. 狼群中狼为食物而争斗　　B. 大带鱼时常噬咬、吞食小带鱼

C. 丹顶鹤赶走误入巢区的同类　　D. 狮子捕食羚羊

19. 在人体细胞中以储藏能量形式存在的糖类为（　　）

A. 葡萄糖　　B. 乳糖　　C. 淀粉　　D. 糖原

20. 自养生物与异养生物在同化作用方面的根本区别为（　　）

A. 同化作用是否需要水　　B. 同化作用是否需要光

C. 能否将有机物转化成所需物质　　D. 能否直接利用无机物制造有机物

21. 有一种无毒蛇，具有与毒蛇相似的体形和斑纹，这种现象称为（　　）

A. 警戒色　　B. 保护色　　C. 拟态　　D. 适应的相对性

22. 下列消化液中对淀粉不起消化作用的为（　　）

A. 唾液　　B. 胃液　　C. 胰液　　D. 肠液

23. 在人体消化道内，把脂肪分解成甘油和脂肪酸的部位为（　　）

A. 口腔　　B. 小肠　　C. 胃　　D. 大肠

24. 在小麦叶片表皮细胞内不可能含有的细胞器为（　　）

A. 叶绿体　　B. 线粒体　　C. 中心体　　D. 高尔基体

25. 科学家如在其他星球上探寻可能存在的生命时，会重点关注含有下列哪一种元素的分子（　　）

A. C　　B. Fe　　C. Na　　D. K

26. 光合作用色素主要分布在植物细胞的哪种结构上（　　）

A. 细胞质　　B. 线粒体　　C. 内质网　　D. 类囊体

27. 植物的大多数干物质来自（　　）

A. 土壤中的矿物质　　B. 土壤中的碳

C. 大气中的碳　　D. 大气中的氧

28. 牛肉泡在酸性溶液中，或泡在含有胃蛋白酶的中性溶液中的分解速度，远低于泡在含有胃蛋白酶的酸性溶液中的分解速度，其原因为（　　）

A. 胃蛋白酶只会分解酸性蛋白质

B. 酸是胃蛋白酶的催化剂

C. 胃蛋白酶在中性溶液中不稳定

D. 胃蛋白酶适宜的 pH 值低于 7

29. 在人的受精卵分裂形成胚胎的过程中，细胞分裂的方式为（　　）

A. 有丝分裂　　B. 无丝分裂

C. 减数分裂　　D. 有丝分裂和减数分裂

30. 下列疾病中，不属于自身免疫病的为（　　）

A. 系统性红斑狼疮　　B. 湿疹

C. 类风湿关节炎　　D. 风湿性心脏病

二、判断题（下列表述，正确的请打“T”，错误的请打“F”。每小题 2 分，共 20 分）

1. 狂犬病和艾滋病均属于血液传染病。（　　）

2. 硝化细菌属于异养、需氧代谢类型的真核生物。（　　）

3. 就某性状而言，表型不同的个体，其相应的基因型可以是相同的。（　　）

4. 在特异性免疫中发挥作用的主要细胞是淋巴细胞。（　　）

5. 因为红绿色盲基因是位于 X 染色体上的隐性突变基因，所以患者中大多数是男人。（　　）

6. 生活在一片草原上的全部昆虫可构成一个种群。（　　）

7. 喉是组成呼吸系统的器官之一。（　　）

8. 绿色植物在进行光合作用时，所能利用的最有效光为绿光。（　　）

9. 维持蛋白质一级结构的化学键为肽键。（　　）

10. 抗体的化学本质是球蛋白。（　　）

三、本大题共7小题，请将答案写在答题纸上（共70分）

1.（8分）请在下表中各消化器官能够吸收的营养成分相应的空格内画“√”。

营养物质 消化器官	葡萄糖	氨基酸	水	甘油	维生素
大肠					
小肠					
口腔					
胃					

2.（8分）下图为某植物体内正在分裂的一个细胞模式图，据图回答下列问题：

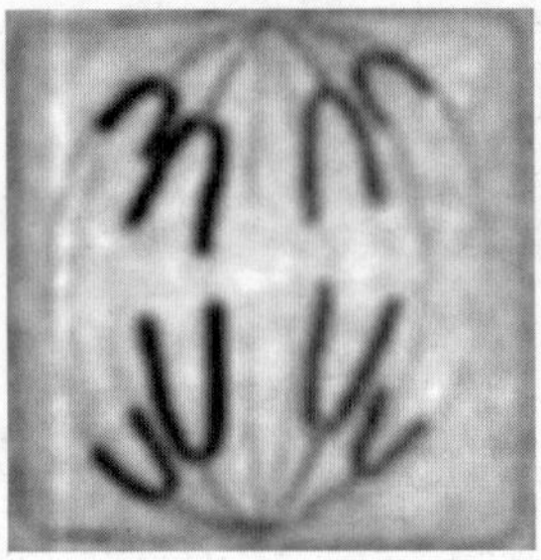

（1）若该细胞的分裂方式为有丝分裂，则该细胞处于有丝分裂时期的（　　）期，此植物正常体细胞中含有（　　）条染色体。

（2）若该细胞的分裂方式为减数分裂，则该细胞处于减数分裂时期的第（　　）次分裂的（　　）期，此植物正常体细胞中含有（　　）条染色体。

（3）植物细胞有丝分裂所特有的现象为分裂过程中出现（　　）。

A. 染色体　　B. 纺锤体　　C. 细胞板　　D. 中心体

3.（12分）小猎犬的显性基因B使毛发呈黑色，其隐性等位基因b使毛发呈红色；显性基因S使毛发呈现单一的纯色，其隐性等位基因s使毛发呈现白斑。两对基因之间是自由组合的。一对亲代猎犬共生了5只子一代猎犬，它们的毛色表现为：一只纯黑色，一只纯红色，一只黑色带白斑，两只红色带白斑。假如子一代纯黑色小猎犬与基因型为bbss的猎犬交配后所生的子二代猎犬全部为纯黑色，且获得其他毛色子二代的概率为零。请问：

（1）亲代的基因型是什么？

（2）如这两只亲代猎犬再生一只小猎犬，毛色为红色带白斑的概率为多少？

（3）如这两只亲代猎犬再生两只小猎犬，两只都是纯黑色的概率为多少？

4.（10分）下图为一食物网示意图，据图回答下列问题：

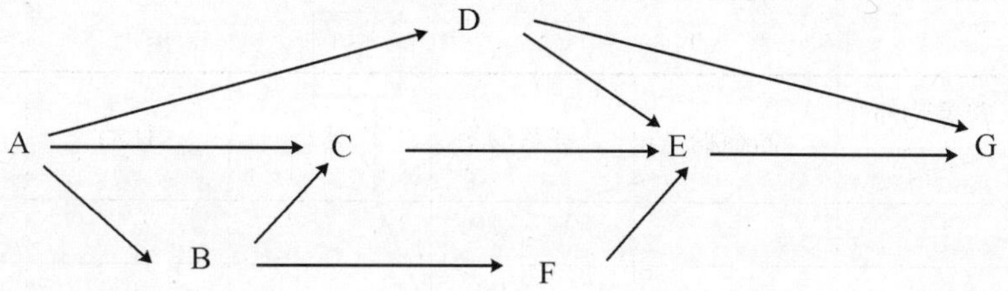

（1）在此食物网中共有（　　）条食物链。

（2）在此食物网中，G占有（　　）个营养级；A属于第（　　）营养级；B属于第（　　）营养级；属于次级消费者的有（　　）、E、F和G。

（3）在此食物网中，E和G的关系既为（　　）关系，又为（　　）关系。

（4）在此食物网中，若以传递到G计，能量损失最少的食物链为（　　）。

（5）此食物网的所有生物及其生活的环境称为（　　　），其功能的维持取决于生产者、消费者和（　　）之间的动态平衡。

5.（10分）下图所示为一动物细胞的显微结构模式图，据图回答下列问题。

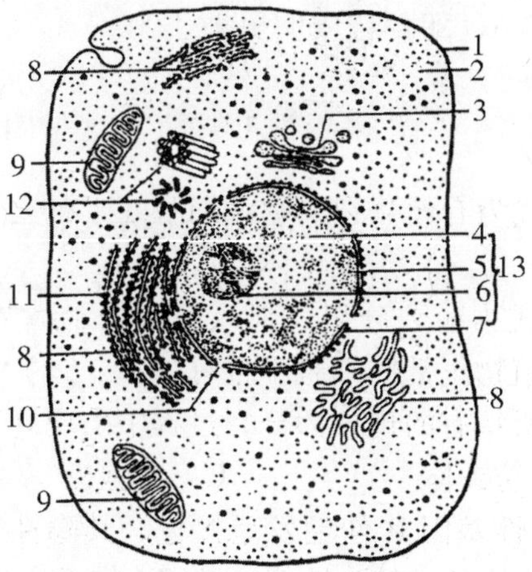

（1）DNA的复制是在[　　]________中完成的。（方括号中填数字，横线上填写名称。下同）

（2）丙酮酸彻底氧化分解为H_2O和CO_2是在[　　]________中完成的。

（3）若此细胞是一个胰岛细胞，则胰岛素是在[　　]________中合成后，由[　　]________分泌到细胞外，并进入血液中。

（4）图中的[　　]________与纺锤体的形成有关。

6.（12 分）下图表示核酸分子的一个组成单位，据图回答下列问题：

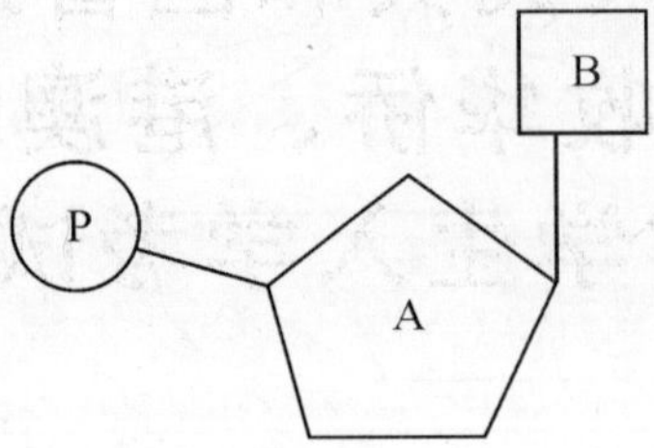

（1）图中 B 代表（　　）；P 代表（　　）。

（2）如由此单位聚合成 DNA，则 A 代表（　　），此单位称为（　　）。

（3）如由此单位聚合成 RNA，则 A 代表（　　），此单位称为（　　）。

（4）在细胞中，RNA 分子的种类共有 3 种，它们分别为（　　）、（　　）和（　　），其相应的功能依次为（　　）、（　　）和（　　）。

7.（10 分）为了解决能源危机，人类还需要进一步开发可再生能源，包括太阳能、风能、潮汐能、生物质能等各种能源。生物质包括农、林、畜牧业的废弃物和藻类等。

（1）生物质能是绿色植物通过光合作用的光反应阶段，将太阳能转变为（　　）贮于（　　）和 NADPH 中。通过（　　）阶段最终将能量贮藏在有机物中。

（2）光合作用过程中，释放出的 O_2 中的氧原子来自（　　）；生成的糖类分子中的氧原子来自（　　）。

（3）一般情况下可用（　　）来提取叶绿素。这是因为叶绿素能够溶于该有机溶剂。

（4）光照强度、大气中（　　）的浓度和温度等条件都会影响光合作用的速率。

（5）光合作用一般发生在植物的叶片中。右图所示为一叶片的横切面结构示意图，在标注 A、B、C 和 D 的 4 部分中，哪一个部分的细胞含有的叶绿体最多？

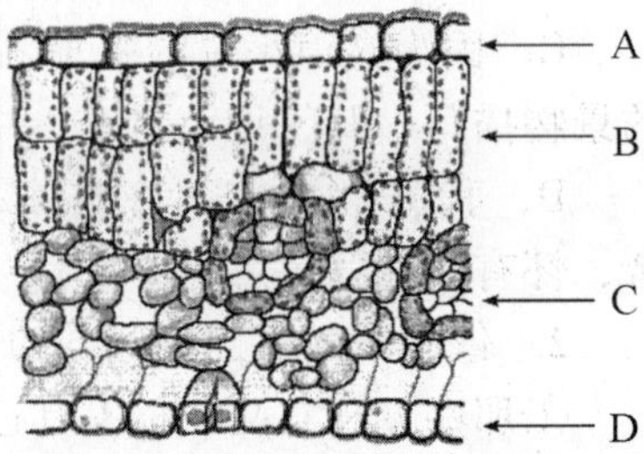

2011 年中华人民共和国普通高等学校联合招收华侨、港澳地区、台湾省学生入学考试题目

语　文

第一部分

本部分为选择题，有 18 小题，每小题 3 分，共 54 分。在每小题给出的四个选项中，只有一项是符合题目要求的。

一、语文基础知识（30 分）

1．下列各句中，加点的虚词使用正确的一句是

A．是金子总会发光，是好酒总有扑鼻香，蓝宝石哪怕是混在最肮脏的垃圾堆里，也仍然会晶莹闪亮。

B．从医院回到学校，算起来我缺了一个月的功课，同学们不但很关心我，老师更是利用双休日帮我补课。

C．因为这篇小说的开头，从近景到中景到远景，越写越啰唆，因此删去这两页长长的景物描写，开门见山更好。

D．我熟知中国近代的屈辱史，从而我对那些为国为民前仆后继地探索和牺牲的先行者，怀有深深的敬意。

2．依次填入下面横线处的词语，恰当的一组是

①那些见利忘义、损人利己的人，不仅为正人君子所________，还可能滑向犯罪的深渊。

②放弃幼稚、追求成熟，已经成为当今社会的一种________，那些涉世未深的年轻人更是如此。

③关注民生，改善民生，依法保障劳动者合法________，许多省市都颁布了最低工资标准。

A．不齿　时髦　权利　　　　B．不耻　时髦　权益

C．不耻　时尚　权利　　　　D．不齿　时尚　权益

3．下列句子中，加点的成语使用恰当的一句是

A．实验已经进入最后冲刺阶段，但由于李技术员的一个小小疏忽，最终还是功败垂成。

B. 地震之后，这里迅速建起了房子，恢复了生产，要是没有全国人民的支援，那是不堪回首的。

C. 老李追进小巷后才发现，两个歹徒分别站在小巷两头，自己在中间，他想这次真的首鼠两端，别无退路，唯有一拼了。

D. 书山，是知识之山、智慧之山、文明之山。向往书山之心，人皆有之，而且俯拾即是。

4. 下列各句中，没有语病的一句是

A. 围观的群众自动让开一条路，三个已经戴上手铐的窃贼低下头，被公安机关押上警车呼啸而去。

B. 与以往的戏剧、电影、图书等文学样式相比，电视更方便、更迅速地进入了每一个普通的家庭。

C. 有些全国人大代表提交议案，建议在《刑法》中增加浪费罪，一时把"公款吃喝定罪"的话题推到了风口浪尖。

D. 唐诗、宋词、元散曲是我国几千年文学史中的珍品，值得我们这些写新诗的人应该好好学习。

5. 下列各句中，语意明确的一句是

A. 近一段时间，我们这里人员调动频繁，刘先生上个星期才来，所以连本科室的同事也不认识。

B. 几天以后，在建筑工地的休息室里，一见面，他就竖起大拇指，一连声地说："了不起！真是了不起！"

C. 今天的讨论会特别热烈，所有的代表都发了言，其中有两个代表提出的建议，博得了阵阵掌声。

D. 说来也怪，一向凶巴巴的瘦姨和整天笑眯眯的胖女却像一对亲密无间的母女，不管她要求什么，她都能答应。

6. 下列句子中，标点符号使用不正确的一项是

A. 陶行知先生（1891—1946）是著名的教育家，1927 年创办晓庄师范学校，以确立"教学做合一"、"创新教育"等理论闻名于世。

B. 我的画常常得到老师的称赞，但我不清楚，老师到底称赞我什么呢？是有几处画得特别好，还是勇气可嘉，什么都敢画？

C. 作者的思路纵横驰骋：大至国际风云变幻，人类改造社会的壮举，小到地方风俗、街谈巷议、个人的回忆、感想。

D. 据王粲的《英雄纪钞》说，诸葛亮与徐庶、石广元、孟公威等人一道游学读书，"三人务于精熟，而亮独观其大略"。

7. 下列句子中，运用修辞手法与其他三句不同的一句是

A. 只见她的脸上还泛着一片红晕，仿佛是刚饮下了一杯醇酒。

B. 太阳下，柏油路晒化了，甚至于铺户门前的铜牌好像也要晒化。

C. 像是喝口凉水都能变成身上的肉，菜糊糊竟养育出一个壮小伙！

D. 打开熔钢炉门，只见炉内仿佛千万个太阳熔化在钢水里。

8. 下列有关文学常识的表述，不正确的一项是

A. 近体诗亦称“今体诗”，同古体诗相对而言，为唐代形成的律诗和绝句的通称，句数、字数和平仄、用韵等都有严格规定。

B. 明清两代，中国的戏曲得到了迅速的发展，著名的作品有高则诚的《琵琶记》、汤显祖的《牡丹亭》、马致远的《汉宫秋》等。

C. 曹禺原名万家宝，他在清华大学读书时就写了处女作《雷雨》，以后又陆续创作了《日出》、《原野》、《北京人》、《家》等剧本。

D. 小说《变形记》、《约翰·克利斯朵夫》和《永别了，武器》的作者分别是奥地利的卡夫卡、法国的罗曼·罗兰和美国的海明威。

9. 下列有关中国文化常识的表述，不正确的一项是

A. 古代贵族子弟八岁入小学，学六艺，所谓“六艺”，即礼、乐、射、御（驭）、书、数。

B. 中国古代“关内”、“关外”、“关东”、“关西”的说法，都是以山海关为界线确定的。

C. 中国“干支”中的“干”指十天干，“支”指十二地支，六十组干支字轮一周叫一个甲子。

D. 古代小孩出生三个月后由父亲命名，男子二十岁成人行冠礼时取字，名与字有意义上的联系。

10. 对下面这首唐诗的赏析，不恰当的一项是

移家别湖上亭　　戎昱

好是春风湖上亭，柳条藤蔓系离情。
黄莺久住浑相识，欲别频啼四五声。

A. 第二句中“系”字表现了不忍离去之情，又切合柳条、藤蔓的特点。

B. 第四句中“啼”字既指黄莺的鸣叫，也让人联想到离别时的眼泪。

C. 本诗抒写了作者搬家时，对故居一草一木依恋难舍的深厚感情。

D. 诗人采用比喻手法，将柳条、藤蔓和黄莺写得富有情感，诗趣盎然。

二、白话文阅读（一）（12分）

阅读下面的文字，完成11～14题。

启蒙精神是晚清文学所特有的一种崭新的时代精神，它直接服务于当时的思想启蒙运动，并与之同步进行。自明清以来，我国的社会制度、思想文化、科学技术等都明显落后于西方国家。列强用炮火打开了中国的门户，并强行把中国置于竞争开放的世界格局之中，中国到了生死存亡的关头。西方哲学思想的传入，又使人们懂得了“优胜劣汰”、“适者生存”的道理，变法图强成为中华民族谋发展、求生存的唯一出路。而这一时期，人们又认识到人民在治理国家方面的重要作用，于是开启民智成为当时最为紧迫的任务。在这种情况下，进步文学便开始以不够纯熟和无暇雕琢的艺术方式，担当起思想启蒙的历史使命。

晚清的文学启蒙也和西学东渐密切相关。鸦片战争后，魏源提出了“师夷长技以制夷”的主张。这不仅为中国人民反抗西方列强的侵略找到了切实可行的途径，也突破了长期以来盘踞在国人头脑中的封闭、顽固、守旧的观念。洋务派实施了“师夷制夷”的

主张，把单纯学习西方的军事武器扩展为“西学”。梁启超、严复等人又力图用科学方法解释世界上万事万物的构成与发展，使得自然科学进入哲学的领域。在这种情况下，文学也开始宣传科学道理，小说《老残游记》揭示了在理学蒙昧主义的影响下，官吏的愚昧无能给百姓造成的苦难。《孽海花》也指出：“现在读书，最好能通外国语言文字，晓得他所以富强的缘故，一切声、光、化、电的学问，轮船、枪炮的制造，一件件都要学会他，那才算得个经济。”

戊戌变法前后，改良派和革命派也开始利用文学宣传民主。“诗界革命”、“文学革命”、“戏剧改良”口号的提出，归根结底就是向民众输入民主自由观念。康有为、邹容等人的诗文反映了反对封建专制主义、建立民主共和政体的要求。与此形成互补的是，提倡婚姻自主的鸳鸯蝴蝶派小说反映了民众的人性觉醒。

诚然，晚清启蒙文学的审美价值较低。文学作品应该做到愉悦性情，给人以美感，这是文学艺术的基本功能。但是文学也应该给人以启迪、教益，发挥对现实的积极影响和改造作用。正是从这个意义上说，晚清文学启蒙的功绩不容否认。

（摘编自武润婷《晚清的文学启蒙精神》）

11．下列关于晚清文学启蒙精神产生的原因的表述，不正确的一项是

A．明清时代，我国在社会制度、思想文化和科学技术等方面远远落后于西方国家。

B．西方列强用炮火打开了中国的大门，使得中国到了生死存亡的危急关头。

C．中国人懂得了“优胜劣汰”、“适者生存”的道理，变法图强是当时唯一的出路。

D．开启民智是当时最紧迫的任务，文学作为最合适的形式担当起了这一历史使命。

12．下列关于晚清启蒙文学的理解，不符合原文内容的一项是

A．启蒙精神是晚清文学所特有的时代精神，它不为此前其他文学所具有，也不为当时其他意识形态所具有。

B．在开始承担思想启蒙这一历史使命的时候，晚清文学的艺术方式是不够纯熟和无暇雕琢的。

C．晚清文学对于西学东渐也有贡献，小说《老残游记》就批判了理学蒙昧主义，宣传了科学道理。

D．晚清文学的历史功绩在于给当时的中国人以启迪和教益，发挥了对现实的积极影响和改造作用。

13．下列理解和分析，不符合原文内容的一项是

A．魏源“师夷长技以制夷”的主张，促使中国人改变了封闭守旧的观念，开始学习西方科学技术。

B．在实施“师夷制夷”主张的过程中，洋务派不但重视学习西方的军事技术，而且扩大了学习的范围。

C．梁启超、严复等人力图采用科学方法解释世界，在历史上第一次使自然科学进入了哲学领域。

D．戊戌变法前后，改良派和革命派也利用文学提出了反对封建专制主义、建立民主共和政体的要求。

14．根据原文内容，下列推断不正确的一项是

A．“师夷制夷”主张的提出，说明晚清西学东渐的兴起，源自中国人民的反侵略

战争。

B.《孽海花》提出学习“外国语言文字，晓得他所以富强的缘故”，说明此书相当进步。

C. 改良派、革命派的主张虽然集中于政治层面，但同时也反映了民众在人性上的觉醒。

D. 文学艺术的基本功能在于愉悦人的性情，给人以美感，晚清文学在这方面尚有缺陷。

三、文言文阅读（12分）

阅读下面的文言文，完成15～18题。

房恭懿字慎言，河南洛阳人也。父谟，齐吏部尚书。恭懿性沉深，有局量，达□从政。仕齐，释褐开府参军事，历平恩令、济阴守，并有能名。□齐亡，不得调。尉迥之乱，恭懿预□，迥败，废于家。开皇初，吏部尚书苏威荐之，授新丰令，政□三辅之最。上闻而嘉之，赐物四百段，恭懿以所得赐分给穷乏。未几，复赐米三百石，恭懿又以赈贫人。上闻而止之。时雍州诸县令每朔朝谒，上见恭懿，必呼至榻前，访以理人之术。苏威重荐之，超授泽州司马，有异绩，赐物百段，良马一匹。迁德州司马，在职岁余，卢恺复奏恭懿政为天下之最。上甚异之，复赐百段，因谓诸州朝集使曰：“如房恭懿志存体国，爱养我百姓，此乃上天宗庙之所佑助，岂朕寡薄能致之乎！朕即拜为刺史。岂止为一州而已，当令天下模范之，卿等宜师学也。”上又曰：“房恭懿所在之处，百姓视之如父母。朕若置之而不赏，上天宗庙其当责我。内外官人宜知我意。”于是下诏曰：“德州司马房恭懿出宰百里，毗赞二藩，善政能官，标映伦伍。班条按部，实允佥属，委以方岳，声实俱美。可使持节、海州诸军事、海州刺史。”未几，会国子博士何妥奏恭懿尉迥之党，不当仕进。威、恺二人朋党，曲相荐举。上大怒，恭懿竟得罪，配防岭南。未几，征还京师，行至洪州，遇患卒。论者于今冤之。

（节选自《隋书·房恭懿传》）

15. 依次填入下列各句方框中的字，正确的一项是

①有局量，达□从政

②□齐亡，不得调

③恭懿预□，迥败，废于家

④授新丰令，政□三辅之最

A. ①于 ②会 ③焉 ④为　　B. ①于 ②会 ③之 ④则

C. ①而 ②适 ③焉 ④则　　D. ①而 ②适 ③之 ④为

16. 对下列各句中加点的词语的解释，不正确的一项是

A. 恭懿性沉深，有局量　　局量：气度肚量

B. 释褐开府参军事　　释褐：放下衣服

C. 恭懿以所得赐分给穷乏　　穷乏：贫困的人

D. 访以理人之术　　理人：治理百姓

17. “朕若置之而不赏，上天宗庙其当责我。”这个复句的类型是

A. 转折复句　　B. 假设复句　　C. 递进复句　　D. 因果复句

18. 下列叙述和分析，不符合原文意思的一项是

A. 房恭懿是河南洛阳人，性格深沉，在齐朝担任开府参军事等职务，有能干的声名。后来由于参与了尉迥作乱，被废职家居。

B. 房恭懿受到苏威的推荐，任职新丰令，政绩极为显著。皇上对他很赏识，屡次赏赐财物，见面时常将他唤至榻前向他咨询。

C. 房恭懿任德州司马后又受到卢恺的推荐，皇上十分吃惊，认为房恭懿是得到上天宗庙的佑助，于是立即任命他为海州刺史。

D. 不久，有人上奏说房恭懿与苏威、卢恺结党，苏、卢违背事实举荐他。皇上大怒，将他逐往岭南。论者至今认为他很冤枉。

第二部分

本部分为非选择题，有7小题，共96分。

四、文言文翻译、默写（13分）

19. 把第一部分文言文阅读材料中画横线的句子翻译成现代汉语。(10分)

(1) 岂止为一州而已，当令天下模范之，卿等宜师学也。

(2) 未几，会国子博士何妥奏恭懿尉迥之党，不当仕进。

20. 补写出下列名句的空缺部分。(3分)

(1) 它山之石，________。(《诗经·小雅·鹤鸣》)

(2) 子曰:“知之者不如好之者，________。”(《论语·雍也》)

(3) 文章千古事，________。(杜甫《偶题》)

五、白话文阅读（二）(23分)

阅读下面的文字，完成21~24题。

明月清泉自在怀　　贾平凹

初读王维的《山居秋暝》时年龄还小，想象不来“松间明月”的高洁，也不懂得“泉流石上”是什么样。母亲说这是一幅很美很美的风景画，要我好好背，说背熟了就知道意思了。可我虽将诗句背得滚瓜烂熟，其意义依然不懂。什么空山、清泉、渔舟，这些田园风物也只是朦胧，而乡野情致则更模糊了。

后来上了大学，有了些古文功底，常常自豪于同窗好友。翻来覆去的“明月松间照，清泉石上流”，也能获得师长赞许。再后来深入乡村，那儿有田园，却无松竹流泉；及至上了华山、峨眉山，并且专在月夜听泉，古刹闻钟，乘江南渔舟，访溪边浣女，都为寻找王维《山居秋暝》的那种灿烂意境。一段时间，于人世纷杂之中，自以为心中有了王维，就了却了人间烦恼，看透了红尘纷争；更自以为一壶清茶，便可笑谈古今。

真正进入了人生的生存程序：结婚、生子、住房、柴米油盐，等等，才知道青年时代的“超脱”，只不过是少年时代“为赋新诗强说愁”的浮雕和顺延。真正对王维和他的诗

的理解，是在经历了无数生命的体验和阅历的堆积之后。人的一生，苦也罢，乐也罢，得也罢，失也罢，要紧的是心间的一泓清泉里不能没有月辉。哲学家培根说过："历史使人明智，诗歌使人灵秀。"顶上的松月，足下的流泉以及座下的磐石，何曾因宠辱得失而抛却自在？又何曾因风霜雨雪而移易萎缩？我不止一次造访过终南山翠华池边那棵苍松，也每年数次带外地朋友去观览黄帝陵下的汉武帝手植柏……这些木中的祖宗，旱天雷摧折过它们的骨干，三九冰冻裂过它们的树皮，甚至它们还挨过野樵顽童的斧斫和毛虫鸟雀的啮啄。到头来，这风霜雨雪，这刀斧虫雀，统统化作了其根下营养自身的泥土和涵美情操的"胎盘"。这是何等的气度与胸襟？相形之下，那些不惜以自己的尊严和人格与金钱地位、功名利禄作交换，最终腰缠万贯、飞黄腾达的小人的蝇营狗苟又算得了什么？且让他暂去得逞又能怎样？

王维实在是唐朝的爱因斯坦，他把山水景物参悟得那么透彻，所谓穷极物理，形而上学于他实在是储之心灵，口吐莲花！坦诚、执著、自识，使王维远离了贪婪、附庸、嫉妒的装饰，从而永葆了自身人品、诗品顽强的生命力。谁能说不呢？的确，"竹喧"也罢，"莲动"也罢，"春芳"也罢，"王孙"也罢，生活中的诱惑实在是太多太多，而物质的欲望则永无止境，什么都要的结果最终只能是什么都没有得到。唯有甘于清贫、甘于寂寞、自始至终保持独立的人格，这才是人生"取之不尽，用之不竭"的精神财富。

"明月松间照"，照一片娴静淡泊，寄寓我无所栖息的灵魂；"清泉石上流"，流一江春水细浪，淘洗我劳累庸碌之身躯。浣女是个好，渔舟是个好，好的质地在于劳作，在于独立，在于思想——这是物质的创造，更是精神的明月清泉。

21. 文章写了作者在人生不同阶段读王维《山居秋暝》时的不同感受，请概括说明。(6 分)

少年时的感受：______

青年时的感受：______

中年时的感受：______

22. 从第三段看，段末"且让他暂去得逞又能怎样？"一句有什么含意？(4 分)

23. 第四段说"王维实在是唐朝的爱因斯坦"，作者这样写的用意是什么？(5 分)

24. 作为一篇借物言志的散文，作者在文中借了什么"物"，言了什么"志"？请具体论述。(8 分)

六、写作 (60 分)

25. 请从下列两个题目中任选一题，写一篇不少于600 字的文章。把所选的题目写在作文纸上。(60 分)

兴趣真的那么重要吗？

街头即景

数 学

一、选择题：本大题共 12 小题，每小题 5 分．在每小题给出的四个选项中，只有一项是符合题目要求的．

1．已知 $\tan\theta+\cot\theta<0$，那么角 θ 是

A．第一或第二象限角　　B．第三或第四象限角

C．第一或第三象限角　　D．第二或第四象限角

2．设 $ABCD-A_1B_1C_1D_1$ 是棱长为 1 的正方体，则四面体 ACB_1D_1 的体积是

A．$\frac{1}{2}$　　B．$\frac{1}{3}$　　C．$\frac{1}{4}$　　D．$\frac{1}{6}$

3．在△ABC 中，角 A、B、C 的对边分别为 a、b、c．若 $a^2+c^2-b^2=\sqrt{3}ac$，则 $B=$

A．$\frac{\pi}{6}$　　B．$\frac{\pi}{3}$　　C．$\frac{\pi}{6}$或$\frac{5\pi}{6}$　　D．$\frac{\pi}{3}$或$\frac{2\pi}{3}$

4．若复数 z 的虚部不为零，且 $z^3+z+1=0$，则

A．$|z|<1$　　B．$|z|=1$　　C．$1<|z|<\sqrt{2}$　　D．$|z|\geqslant\sqrt{2}$

5．若 $a=\log_2 3$，$b=\log_4 6$，$c=\log_6 9$，则

A．$a=b=c$　　B．$a<b<c$　　C．$b<c<a$　　D．$c<b<a$

6．在四面体 $ABCD$ 中，$AB=\sqrt{2}$，其余各棱长均为 1，则二面角 $A-CD-B$ 的余弦值为

A．$-\frac{1}{3}$　　B．0　　C．$\frac{1}{3}$　　D．$\frac{1}{2}$

7．设数列 $\{a_n\}$ 的前 n 项和 $S_n=1-\frac{1}{2n+1}$，则 $a_n=$

A．$\frac{1}{2n-1}$　　B．$\frac{1}{2n+1}$

C．$\frac{1}{(2n-1)(2n+1)}$　　D．$\frac{2}{(2n-1)(2n+1)}$

8．圆的直角坐标方程为 $(x-\sqrt{3})^2+(y-1)^2=4$，在以原点为极点，x 轴正半轴为极轴的极坐标系中，该圆的方程为

A．$\rho=2$　　B．$\rho=4\cos\left(\theta-\frac{\pi}{3}\right)\left(\theta\in\left(-\frac{\pi}{6},\frac{5\pi}{6}\right]\right)$

C．$\rho=4\cos\left(\theta-\frac{\pi}{6}\right)\left(\theta\in\left(-\frac{\pi}{3},\frac{2\pi}{3}\right]\right)$　　D．$\rho=4\cos\theta\left(\theta\in\left(-\frac{\pi}{2},\frac{\pi}{2}\right]\right)$

9．函数 $y=\frac{1}{x+1}+1\ (x>-1)$ 的反函数为

A．$y=\frac{1}{x-1}+1\ (x>1)$　　B．$y=\frac{1}{x+1}+1\ (x>-1)$

C. $y=\frac{1}{x+1}-1\ (x>-1)$　　　　D. $y=\frac{1}{x-1}-1\ (x>1)$

10. 设 F_1、F_2 为双曲线 C：$\frac{x^2}{a^2}-\frac{y^2}{b^2}=1$ 的两个焦点，P 为 C 上一点. 若 $\triangle F_1F_2P$ 是等腰直角三角形，则 C 的离心率为

A. $\frac{1+\sqrt{5}}{2}$　　B. $\frac{3+\sqrt{5}}{2}$　　C. $1+\sqrt{2}$　　D. $\frac{1+\sqrt{2}}{2}$

11. 若函数 $f(x)=\begin{cases}x^2, & x\leqslant 1\\ ax+b, & x>1\end{cases}$，在 $x=1$ 处可导，则 $a-b=$

A. 3　　B. 2　　C. 1　　D. 0

12. 点 D、E、F 是 $\triangle ABC$ 内三点，满足 $\overrightarrow{AD}=\overrightarrow{DE}$，$\overrightarrow{BE}=\overrightarrow{EF}$，$\overrightarrow{CF}=\overrightarrow{FD}$. 设 $\overrightarrow{AF}=\lambda\overrightarrow{AB}+\mu\overrightarrow{AC}$，则 $(\lambda,\mu)=$

A. $(\frac{4}{7},\frac{2}{7})$　　B. $(\frac{1}{7},\frac{4}{7})$　　C. $(\frac{4}{7},\frac{1}{7})$　　D. $(\frac{2}{7},\frac{4}{7})$

二、填空题：本大题共 6 小题，每小题 5 分.

13. 若关于 x 的方程 $x^3-x^2+ax=0$ 有重根，则 $a=$________.

14. 已知两条直线 m、n，两个平面 α、β，给出四个命题：

①若 $m/\!/n$，$m\perp\alpha$，则 $n\perp\alpha$　　②若 $\alpha/\!/\beta$，$m\subset\alpha$，$n\subset\beta$，则 $m/\!/n$

③若 $m/\!/\alpha$，$m\perp\beta$，则 $\alpha\perp\beta$　　④若 $\alpha\perp\beta$，$m/\!/\alpha$，则 $m\perp\beta$

其中正确命题的序号是________.

15. 设等比数列 $\{a_n\}$ 的各项都为正数，前 n 项和为 S_n. 若 $S_6=7S_2$，则其公比为________.

16. 在空间直角坐标系 $O-xyz$ 中，经过点 $P(2,1,1)$ 且与直线 $\begin{cases}x-3y+z+1=0\\ 3x-2y-2z+1=0\end{cases}$，垂直的平面方程为________.

17. 若多项式 $p(x)$ 满足 $p(1)=1$，$p(2)=3$，则 $p(x)$ 被 x^2-3x+2 除所得的余式为________.

18. 设有 4 张不同的卡片，若有放回地抽取 4 次，每次随机抽取一张，则恰好有两张卡片未被抽到的概率为________.

三、解答题：本大题共 4 小题，每小题 15 分. 解答应写出文字说明、证明过程或演算步骤.

19. 设函数 $f(x)=|2x-3|+|x+2|$.

（Ⅰ）把 $f(x)$ 写成分段函数，并求 $f(x)$ 的最小值；

（Ⅱ）解不等式 $f(x)<5$.

20. 设$\triangle ABC$为锐角三角形. 证明:

(Ⅰ) $\sin A+\sin B>1+\cos C$;

(Ⅱ) $2<\sin A+\sin B+\sin C\leqslant\frac{3\sqrt{3}}{2}$.

21. 设抛物线C: $y=\frac{x^2}{4}$与直线l: $y=kx+1$交于A、B两点, P为抛物线在这两点的切线的交点.

(Ⅰ) 当$k=1$时, 求点P的坐标;

(Ⅱ) 当k变化时, 求点P的轨迹.

22. 数列$\{a_n\}$的前n项和为S_n, 满足$a_1=1$, $a_{n+1}-S_n=n$.

(Ⅰ) 写出$\{a_n\}$的前三项;

(Ⅱ) 设$b_n=S_n+n+1$, 证明$\{b_n\}$是等比数列;

(Ⅲ) 求$\{a_n\}$的通项公式.

英　语

本试卷分第一卷（选择题）和第二卷（非选择题）两部分。

第一卷

Ⅰ. 听力（共 20 小题，每小题 1.5 分；满分 30 分）

听完录音后，从各题所给的四个选项中选出能回答所提问题的最佳选项。所有录音材料均仅读一遍。

例：（录音）Man：I wonder why the office is still not open.

Woman：But it's not yet eight. In fact，it's only a quarter to eight.

When does the office open?

A. At 8：30.　B. At 8：15.　C. At 8：00.　D. At 7：45.

答案是 C。

听第 1 段材料，回答第 1 小题

1. What does the woman mean?

A. The tickets might have been sold out.

B. They are lucky to sit near the stage.

C. The tickets are too expensive.

D. The tickets are free of charge.

听第 2 段材料，回答第 2 小题

2. What can we know from the conversation?

A. Mary likes the movie a lot.

B. The movie was not so good.

C. Peter was busy last night.

D. Mary didn't see the movie.

听第 3 段材料，回答第 3 小题

3. Where does this conversation take place?

A. In a hotel.　B. In a restaurant.

C. In a supermarket.　D. In an office.

听第 4 段材料，回答第 4 小题

4. Who are the speakers?

A. Classmates.　B. Co-workers.

C. Husband and wife.　D. Teacher and student.

听第5段材料，回答第5、6小题

5. What is the man's suggestion for the woman?

A. Be pleasant at work. B. Get off work a bit early.

C. Have a rest the next day. D. Pay attention to this case.

6. What will the woman do?

A. She'll take the advice. B. She'll give up her job.

C. She'll work in the evening. D. She'll perform at an art show.

听第6段材料，回答第7至9小题

7. What makes Ann dislike her new flat?

A. The cost. B. The neighbours.

C. The distance. D. The roommates.

8. Why does Ann want to talk about the matter with Roger?

A. He's a close friend. B. He's her boss.

C. He's her husband. D. He's a repairman.

9. What's the conversation about?

A. Sharing flat with others. B. Asking for a job nearby.

C. Discussing work of a company. D. Looking for a new flat.

听第7段材料，回答第10至12小题

10. What does the girl mean by asking about her mom?

A. She wants to see her. B. She is eager to go to school.

C. She dislikes French breakfast. D. She doesn't like the toast.

11. What is the man trying to do?

A. To show that he's happy. B. To make cooking enjoyable.

C. To turn the girl's attention away. D. To get enough food for the two of them.

12. What can we infer about the man?

A. He relies on his wife in cooking. B. He manages well in the house.

C. He's good at baby-sitting. D. He's rather forgetful.

听第8段材料，回答第13至15小题

13. When will the next bus for Chicago leave?

A. In 20 minutes. B. In half an hour.

C. In 40 minutes. D. In an hour.

14. What did the man do for the woman?

A. He took her to the bus station. B. He gave her change for a dollar.

C. He bought her a ticket. D. He paid for her coffee.

15. Which of the following words best describes the man?

A. Careful. B. Patient.

C. Skillful. D. Hardworking.

听第 9 段材料，回答第 16 至 20 小题

16. Why is Sesame Street called the longest street in the world?

A. It is named after the longest street in the world.

B. Many American children like it very much.

C. It has been shown for many years.

D. It can be seen in many countries.

17. Who may have different ideas about Sesame Street?

A. Preschool children. B. School pupils.

C. Teachers. D. Parents.

18. Why is Sesame Street shown many times during the week?

A. Children can watch it 5 times a week.

B. More children can benefit from it.

C. Many schools can use it in classes.

D. School work is often related to it.

19. What can children learn from Sesame Street mainly?

A. Singing. B. Drawing.

C. Television tricks. D. Basic knowledge.

20. What is the most important reason for Sesame Street to be successful?

A. It uses modern technology.

B. It is based on educational theories.

C. It gives parents chances to see famous stars.

D. It gets children interested in learning.

Ⅱ. 英语运用（共 35 小题，每小题 1 分；满分 35 分）

A）单项填空（共 15 小题）

从 A、B、C、D 四个选项中，选出可以填入空白处的最佳答案。

21. —How's school going, Jessica?

—________. It's so hard to get back to study after the summer holidays!

A. Not very well B. Just fine C. My pleasure D. Don't mention it

22. Although he was popular in Europe, Hendrix had yet to ________ recognition in his home country.

A. fulfill B. achieve C. accomplish D. realize

23. ________ you call me to say you're not coming, I'll see you at the theatre.

A. Because B. Unless C. Although D. Since

24. Would you please turn that down? I can't do my homework with all this noise ________ on.

A. to go B. goes C. gone D. going

25. I don't know ________ what I am saying makes any sense to you. I still want to make my point.

A. but　　B. that　　C. if　　D. although

26. Progress so far has been very good. We are, ________, confident that the work will be completed on time.

A. therefore　　B. however　　C. in addition　　D. further more

27. This ________ sound like a simple experiment, but great patience is needed to carry it through.

A. should　　B. must　　C. can　　D. may

28. It started raining, so he ________ the nearest building.

A. made for　　B. climbed up　　C. went over　　D. came round

29. You'd better phone home, ________ your parents will start to worry.

A. whereas　　B. otherwise　　C. while　　D. nevertheless

30. —When shall we meet again?

—Make it ________ day you like. It's all the same to me.

A. some　　B. another　　C. any　　D. one

31. My parents hold fond memories of ________ fashion and music of ________ 1980s.

A. the; /　　B. /; the　　C. /; /　　D. the; the

32. I've tried hard ________ matters between us, but she's still very angry.

A. mends　　B. mend　　C. to mend　　D. mended

33. I was very pleased when I opened my present because it was just ________ I wanted.

A. what　　B. that　　C. which　　D. one

34. In the 2004 Olympics, China won nearly ________ silver medals as the U. S.

A. double as many　　B. two times　　C. twice many　　D. twice as many

35. The side door was open and there was a sound of upraised voices from ________. The police listened carefully.

A. indoors　　B. inside　　C. within　　D. where

B）完形填空（共20小题）

阅读下面短文，掌握其大意，然后从36至55各题所给的四个选项中选出一个最佳答案。

Mark Twain (Sam Clemens) died in 1910. His boyhood home was to be __36__ in 1911. George Mahan bought and saved the __37__ in 1912. And only one person has __38__ inside the home since that time. Until now.

The __39__ person beside young Clemens to spend the night in the Boyhood Home __40__ George Seybolt. In the late 1960s Seybolt was the CEO for the William Underwood Company and he __41__ Sam Clemens's Hannibal, also known as "America's Hometown", to build a new __42__, which we know today as General Mills. Seybolt __43__ a lifelong fondness for Mark Twain. He __44__ to spend a night sleeping in the Mark Twain Boyhood Home. The morning after his __45__, he left a check in the amount of $500 on the pillow as a thank you to the Museum.

Citizen journalist Neal Moore is going along the Mississippi River by canoe（独木舟）

__46__ stories of communities（社区）that are coming together for a greater good. He __47__ arrived in Sam Clemens's Hannibal. And his last __48__ in Hannibal will be spent in Mark Twain's Boyhood Home sleeping in the very room where young __49__ famously slept. He will be the __50__ person to sleep over at this house since 1912.

The museum people __51__ Moore to spend a night in the home. They saw him as a modern day Huck Finn-camping on islands, __52__ down the river, making friends along the way. They wanted him to help __53__ millions of Twain fans around the world that they were trying hard to get money needed for keeping the museum in __54__. The Museum is seeking one million __55__ from around the world to donate（捐款）just $10 each. And yes, Moore will be donating ten dollars.

36. A. repaired	B. sold	C. built up	D. pulled down
37. A. house	B. time	C. money	D. boy
38. A. got	B. slept	C. walked	D. broke
39. A. other	B. different	C. strange	D. important
40. A. belonged to	B. was	C. became	D. lent to
41. A. gave up	B. found	C. took over	D. selected
42. A. museum	B. town	C. plant	D. boyhood home
43. A. had	B. pretended	C. sought	D. discovered
44. A. thought	B. asked	C. stopped	D. returned
45. A. reply	B. decision	C. stay	D. request
46. A. searching for	B. listening to	C. telling	D. making
47. A. exactly	B. suddenly	C. recently	D. nearly
48. A. effort	B. few dollars	C. night	D. few minutes
49. A. George Seybolt	B. George Mahan	C. Neal Moor	D. Sam Clemens
50. A. first	B. second	C. third	D. fourth
51. A. invited	B. forbade	C. sent	D. chose
52. A. driving	B. swimming	C. walking	D. rowing
53. A. persuade	B. remind	C. tell	D. promise
54. A. business	B. position	C. line	D. operation
55. A. Twain fans	B. businessmen	C. young people	D. story writers

Ⅲ. 阅读理解（共 20 小题，每小题 2.5 分；满分 50 分）

阅读下列短文，并做每篇后面的题目。从四个选项中，选出能回答所提问题或完成所给句子的最佳答案。

A

If you thought you could protect your privacy（隐私）on the web by lying about your personal details, think again. In online communities at least, entering fake details about name or age may no longer prevent others from working out exactly who you are.

The computing giant, Microsoft, is developing a new software that could accurately guess your name, age, sex and possibly even your location, by examining patterns in your web browsing (浏览) history. But experts say the idea is a clear threat to privacy—and may be illegal in some places.

Many studies show there are strong correlations between the websites that people visit and their personal characteristics. For example, 74% of women seek health and medical information online, while only 58% of men do. The analytical software could use a vast range of such details to perform a probabilistic analysis (概率分析) of a person's browsing history. From that it could make a good guess about their identity.

So far the software can only guess sex and age with any accuracy, but the research team say they expect to be able to "predict your occupation, level of qualifications, and perhaps your location one day".

However, Ross Anderson, a computer security engineer at the University of Cambridge, thinks the idea could land Microsoft in legal trouble. "I'd consider it somewhat harmful if Microsoft were to sell such software widely. They are arguable, committing offences in a number of countries under a number of different laws if they make available software that defeats the security procedures of internet users for protecting their privacy—from export control laws to anti-hacking laws."

56. What does the underlined word "fake" in the first paragraph most probably mean?

A. Not valuable. B. Not real. C. Important. D. Exact.

57. What's special about the new software that Microsoft is developing?

A. It can steal Internet users' password.

B. It can figure out personal information.

C. It can show people's characters.

D. It can change people's identity.

58. What is Paragraph 3 mainly about?

A. Some differences between women and men.

B. Types of information given by the software.

C. The results of many studies done earlier.

D. Basic ideas of how the software works.

59. What can be a serious problem that the new software will face?

A. It may make browsing too easy in some countries.

B. It may cost more money for some Internet users.

C. It may be used by security engineers.

D. It may be illegal in some countries.

B

We all have ideas about what kinds of foods are good or bad to eat. As a result, people from one culture often think the foods that people from another culture eat are unacceptable. Many people would find it terrible to eat rats, but there are forty-two different cultures whose people regard rats as proper food.

Food likes and dislikes do not always seem related to nutrition（营养）. For example, broccoli（花椰菜）is first on a list of the most nutritious common vegetables, but it is twenty-first on a list of vegetables that Americans like most to eat. Tomatoes are sixteenth on the list of most nutritious vegetables, but they are first on the list of vegetables that Americans like most to eat.

But dislike is not the only reason why some cultures will not eat a certain food. In some cultures, certain foods are *taboo*. *Taboo* is a word from the language of the Fiji Islands that is used to describe something that is forbidden. We do not usually think about why certain things are taboo in our culture.

One example is that Americans do not eat dogs, although people from some other cultures regard them as good food. In the United States, dogs are very important to people as pets. They are usually regarded as part of the family, almost like a child in some cases. In addition, dogs have value as protection against criminals（罪犯）. Actually, the dog's place in society as a companion makes the dog taboo as food.

Scientists believe that most food likes and dislikes are a result of the ways of life of different people. People will not eat pets such as dogs. Americans eat a lot of beef because there is plenty of land for raising cattle and their meat can be shipped cheaply for long distances by railroads.

60. The writer uses the example of rat as food to show that ________.

A. understanding between different cultures is easy

B. some cultures may seem rather strange

C. people may eat very different things

D. eating properly is very difficult

61. What is the second paragraph mainly about?

A. People don't often consider nutrition as important.

B. Some vegetables are more nutritious than others.

C. Broccoli and tomatoes are common vegetables.

D. Americans like broccoli better than tomatoes.

62. Why is eating dogs a taboo in America?

A. It is a taboo from the Fiji Islands. B. It is against American laws.

C. Dogs are needed by the police. D. Dogs are close to human life.

63. What can be a suitable title for the passage?

A. Food and Culture B. Nutrition and Beliefs

C. Taboo about Food D. Science in Eating

C

Alexander Graham Bell was born in Edinburgh, Scotland on March 3, 1847, When he was only eleven years old, he invented a machine that could clean wheat. Graham studied medicine at the University of London, but moved with his family to Quebec, Canada in 1870.

Later Bell moved to Boston, Massachusetts. In 1871, he began working with deaf people and introduced the system of Visible Hearing that was developed by his father. Visible Hearing showed how the tongue, lips, and throat are used to produce sounds. In 1872, Bell founded a school for the deaf which soon became part of Boston University.

Alexander Graham Bell is best known for his invention of the telephone. The first voice to travel over a wire was even a surprise for its inventor. He was experimenting in his laboratory late one night, and quite by accident he succeeded in transmitting a message to his assistant in the next room. Now Bell believed he could send the sound of a human voice over the wire. After receiving a patent (专利) on March 7, 1876 for transmitting sound along a single wire, he successfully transmitted human speech on March 10th. Bell's telephone patent was one of the most valuable patents ever issued. He started the Bell Telephone Company in 1877.

Bell went on to invent a device that led to the modern day air conditioner, and a device called a "photophone" that enabled sound to be transmitted on a beam of light and on which today's fiber optic and laser communication systems (光纤和激光通信系统) are based. In 1898, Alexander Graham Bell and his son-in-law took over the National Georgraphic Society and built it into one of the most recognized magazines in the world. Bell also helped found Science Magazine, one of the most respected research journals in the world.

Alexander Graham Bell died on August 2, 1922. On the day of his burial, in honor of Bell, all telephone services in the United States were stopped for one minute.

64. What does the text mainly discuss?

A. The success story of a doctor.

B. Bell's exciting life of inventions.

C. Reasons for Bell to become an inventor.

D. The role Bell played in American education.

65. Why was Visible Hearing useful in helping the deaf?

A. It helped the deaf use sign language.

B. It could be taught in schools.

C. It was developed by his father.

D. It showed how sounds were produced.

66. What does "transmitting" in paragraph 3 probably mean?

A. Putting in. B. Making up.

C. Disturbing. D. Sending.

67. Besides the inventions, what else did Bell do that was of great importance?

A. He founded the National Geographic Society.

B. He improved the modern day air conditioners.

C. He started a science magazine.

D. He established Boston University.

D

A Day's Tour of San Francisco

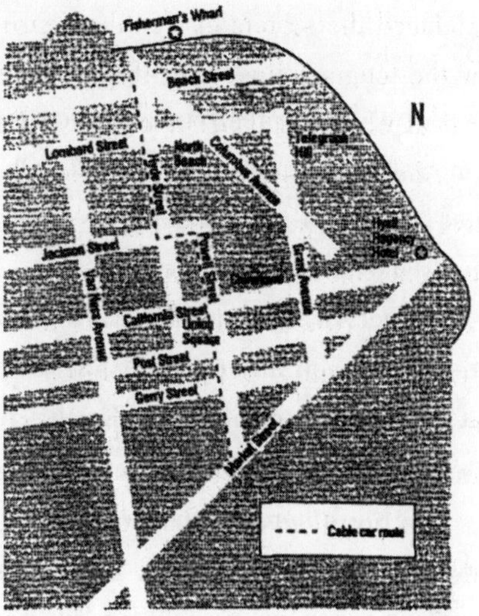

Where to stay in San Francisco? The possibilities are endless, but if you stay at a hotel near Union Square, you'll have lots of things to see just a short distance away. There are small hotels here in the heart of San Francisco within walking distance of the Financial District, Union Square stores, world-famous restaurants, theaters, Chinatown, and many of the other places people like to visit in the "City by the Bay". Some are expensive, some are fairly reasonable, and all are close to a cable car stop.

Begin your tour at the corner of Powell and Market Streets with a ride on one of the famous cable cars that are used for transportation, by both tourists and people living there. Take the car down to the Fisherman's Wharf area, where there are holiday activities year-round. You'll find great colorful shops, and interesting old buildings. Then walk down Columbus Avenue to North Beach and have lunch at one of the many delightful Italian cafes. If you like a good climb, walk over to Telegraph Hill, where you can get a wonderful view of the city and the bay.

Just south of North Beach is Chinatown. For a lovely look at the largest Chinese neighborhood outside Asia, walk down Grant Avenue. After visiting Chinatown, turn left on California Street and walk to the end of the street, where you'll see the Hyatt Regency, a modern luxury (豪华) hotel. If you're there on a Friday evening, you can dance to big band (乐队) music.

For dinner? It's impossible to tell you about all the great restaurants in San Francisco, but I suggest Lehr's Greenhouse, The Golden Dragon, New Pisa, La Mere Duquesne, or then Tadich Grill.

68. What does "City by the Bay" in Paragraph 1 refer to?

A. Union Square. B. Financial District.

C. San Francisco. D. Chinatown.

69. What seems to be the best way to begin the day's tour?

A. Finding a good hotel. B. A ride of the cable car.

C. Climbing Telegraph Hill. D. A visit to California Street.

70. Where can tourists get to by noon time?

A. North Beach. B. Columbus Avenue.

C. Fisherman's Wharf. D. Grant Avenue.

71. What does the writer say about the dinner place?

A. There are many choices for the visitor.

B. It is difficult to name anything good.

C. Hyatt Regency is worth trying.

D. Chinatown food is good and cheap.

E

All of us are really on a spaceship—Earth. At this moment, Earth is moving around the sun at more than 18 miles per second. On board are over 6 billion people and a limited supply of air, water, and land. These supplies, just like the air in the astronauts' spaceship, must be used, purified, and reused without stop.

In fact, if we consider Earth's size, the layer of air that surrounds our globe is no thicker than the skin on an apple. A shallow crust (壳) on the earth surface has all the soil and water that will ever be available to Earth's people. This tiny envelope of air and this crust of earth and water are called the biosphere. This is the place that our lives depend on.

The biosphere is a closed system because nothing new is ever added. Nature recycles all things. Water, for example, changes into gas and floats in tiny drops into the air to make clouds. The same water comes back to Earth as rain or snow. It waters the plants and trees. It flows over rocks and into the rivers where oxygen (氧气) in the air helps to remove impurities (杂质) that it may have picked up. The rivers flow into the oceans, and the great water cycle begins again.

Today, Earth is in danger of losing some resources because of the careless way we have used our limited supplies. Thousands of years ago there were few people on Earth and they lived simple lives of hunting and fishing. As the number of people increased, and as the years passed, people learned to make greater use of the Earth's resources.

We must change our habits of polluting and destroying the Earth. We have to stop dumping (倾倒) our wastes into the air and water. Many things we now throw away are made from resources that can be reused, but can never be replaced. Even the smoke coming out of chimneys often contains chemical things that can be collected and used instead of being sent into the air.

If we want to save the Spaceship Earth, we have to learn to cooperate with nature by using, and not abusing, the environment on which our lives depend.

72. What does the writer want to show by comparing the thickness of the atmosphere to the skin on an apple?

A. The Earth is just like a spaceship.

B. The center of the Earth is soft.

C. The layer of air is very thin.

D. The Earth moves around the sun.

73. What does "it" underlined in Paragraph 3 refer to?

A. Nature. B. Water. C. Plant. D. Oxygen.

74. According to the writer, the Earth is in trouble because ________.

A. too many people are now living on Earth

B. there is not enough air and water for living things

C. people today are adding new things into the biosphere

D. we are not using our natural resources wisely

75. What does the writer argue strongly in the text?

A. Our habits of using water must be corrected.

B. The Spaceship Earth needs biosphere.

C. Only some resources can be replaced.

D. Some wastes should be made useful again.

第二卷

Ⅳ. 短文改错（共 15 小题，每小题 1 分；满分 15 分）

此题要求你对一段文章改错。先对每一行作出判断是对还是错。如果是对的，在该行右边横线上画一个钩（√）；如果有错误（每行不会多于一个错误），则按情况改错如下：

此行多一个词：把多余的词用斜线（＼）划掉，在该行右边横线上写出该词，也用斜线划掉。

此行缺一个词：在缺词处加一个漏字符号（∧），在该行右边横线上写出该加的词。

此行错一个词：在错的词下画一横线，在该行右边横线上写出改正后的词。

注意：原行没有错的不要改。

例：

When I have free time I go ∧ a long walk. Some (a) for
people read ~~the~~ books or watch television while (b) ~~the~~
others have sports. Charles and Linda Mason do all (c) √
of these things as well as climbed buildings. (d) climbing; climb

There may be a variety of explanations on the causes of 76. ________
car accidents, some reasons are the most important. 77. ________
Problems within the drivers may be a major cause, for more 78. ________
than half of the car accidents are caused by overspeed. 79. ________
Other problem such as overloading, not stopping at the red 80. ________
light, also cause traffic accidents. It is reasonably to say that 81. ________
drivers should be mainly blamed for the car accidents. 82. ________
Pedestrians' mistakes are the second causes. They pay no 83. ________
attention to traffic rules or traffic signs, who are the most 84. ________
common reasons find in the pedestrians-related accidents. 85. ________
The third major reason was the lack of traffic facilities, and 86. ________
the poor designing of roads and streets that can be 87. ________
found in much cities, suburbs, and the countryside. And 88. ________
these are serious problems that leads to traffic accidents. We 89. ________
have to take acts to deal with all these problems, if we want 90. ________
to reduce car accidents.

V．书面表达（共 1 题，满分 20 分）

假设你是李华。你对一个旅游景点招聘暑期英语导游的工作十分感兴趣，写一封求职短信。

短信要点如下：

1．说明个人简况；

2．求职的原因；

3．胜任工作的条件。

注意：

1．英语信函的基本格式。

2．词数：100 左右。

3．旅游景点（tourist attraction），导游（tour guide）。

历 史

一、选择题：本大题共 20 小题，每小题 3 分。在每小题给出的四个选项中，只有一项是符合题目要求的。

1. 中国历史上尧、舜、禹“禅让”的传说，反映的是

A. 部落内部民主选举首领的事实　　B. 部落联盟内主导部落发生变化

C. 奴隶主间统治权力的和平移交　　D. 早期人类政治比后来更为文明

2. 西周灭亡的直接原因是

A. 井田制度的破坏　　B. 诸侯国家的强盛

C. 游牧族群的侵袭　　D. 分封制度的瓦解

3. 东汉明帝时，班超“投笔从戎”，使汉朝重新确立对西域的管辖。班超联合西域各部族反击的是

A. 匈奴　　B. 大宛　　C. 乌孙　　D. 大月氏

4. 中国境内的回族形成于中国与阿拉伯地区广泛接触时期。回族形成于

A. 唐朝　　B. 元朝　　C. 明朝　　D. 清朝

5. 明清科举考试以“四书五经”作为主要的考试内容，下列典籍中属于“四书”之一的是

A.《诗经》　　B.《尚书》　　C.《孝经》　　D.《孟子》

6. 中国古代典籍装帧形式之一的线装书，缘于书籍的大量印行。线装书应出现在

A. 汉代　　B. 唐代　　C. 宋代　　D. 明代

7. 中国古代税收制度中，以农户作为主要征收对象的是

A. 汉代“三十税一”　　B. 唐前期的“租庸调”

C. 唐中后期的“两税法”　　D. 明朝的“一条鞭法”

8. 清代梅成栋作《夷匪弃厦门复陷定海，镇将葛云飞、郑国鸿、王锡朋三公同日战殁。八月十七日贼陷镇海，钦差大臣裕公谦殉节记事四首》，热情歌颂了为国捐躯的爱国将士。这组诗反映的历史事件是

A. 鸦片战争　　B. 第二次鸦片战争

C. 甲午战争　　D. 八国联军侵华

9. 清道光年间，黄爵滋就改革科举制度提出，“或特开一科……第不试以诗赋，而试以策论，取其通经史而适于时务者，量才用之”。这一主张所体现的思想是

A. 经世致用　　B. 中体西用

C. 师夷长技以制夷　　D. 师夷长技以自强

10. 1914—1921 年，我国纺织业的生产从上海为中心转变为上海、天津、武汉三个中心，并带动了华东、华北和华中地区纺织业的发展。在这一时期出现上述现象的主要原因是

A. 民间资本投资趋向的转变　　B. 政府的大力扶持政策

C. 抵制洋货运动的开展　　D. 列强对华商品和资本输出的锐减

11. 第二次国共合作对于中华民族的突出贡献体现在

A. 取得了第一次反侵略战争的完全胜利

B. 中国共产党成为国内的第二大政治力量

C. 为新民主主义革命的兴起奠定了基础

D. 彻底改变了半殖民地半封建社会的性质

12. 从 1951 年到 1953 年，政务院先后发布了《关于改革学制的决定》和对高等院校院系调整的规定，强调保障工农群众受教育的权利，大力加强高等工业院校建设。其主要目的是

A. 摆脱苏联教育模式　　B. 提高学校的教育质量

C. 扩大高等教育规模　　D. 为经济建设培养专业人才

13. 1978—1987 年，全国工业总产值中，全民所有制企业的产值比重从 77.6% 下降到 59.7%，集体所有制企业从 22.4% 上升到 34.6%，个体经济、私营经济、外国独资、中外合资企业等从几乎为零上升到 5.6%。这突出反映了这一时期全国工业企业中出现了

A. 所有制结构的变化　　B. 经营规模的变化

C. 管理方式的变化　　D. 经营自主权的变化

14. 18 世纪英国在争夺海上霸权时最主要的对手是

A. 荷兰　　B. 比利时　　C. 法国　　D. 西班牙

15. 关于《美利坚合众国宪法》，下列表述中正确的是

A. 它标志着美国的诞生

B. 它确立了美国的共和政体

C. 它规定美国是由 13 个邦结成的国家

D. 它规定了总统由选民直接选举产生

16. 19 世纪末 20 世纪初，资本主义国家中资本输出最多的国家是

A. 美国　　B. 德国　　C. 英国　　D. 法国

17. 关于马歇尔计划，最恰当的评述是

A. 它“利用‘冷战’的阴影，把‘遏制’共产主义的计划与制造商、出口商的热情融为一体”

B. 该“计划引起了全世界的关注。尤其是因为同一时期西方经济的崩溃……因此，原先的怀疑态度转变为真正的兴趣，有时转变为模仿”

C. 它基于“民主、人权、法治方面的共同价值观”，将“为保证欧洲公正持久的和平秩序而奋斗”，并致力于建立一个完整、自由、统一的欧洲

D. 它表明美国要承担“自由世界”守护神的使命，充当世界宪兵的角色

18. 历史上德意志国家曾在 1871 年和 1990 年两度统一。与 1871 年不同的是，1990 年的统一导致了

A. 激烈的国内战争　　B. 对立的社会制度消失

C. 欧洲格局的巨大变化　　D. 德国经济的平稳发展

19. 右图所示为某一时期美国、西欧、日本国民生产总值所占世界经济的比重。这一时期应该是

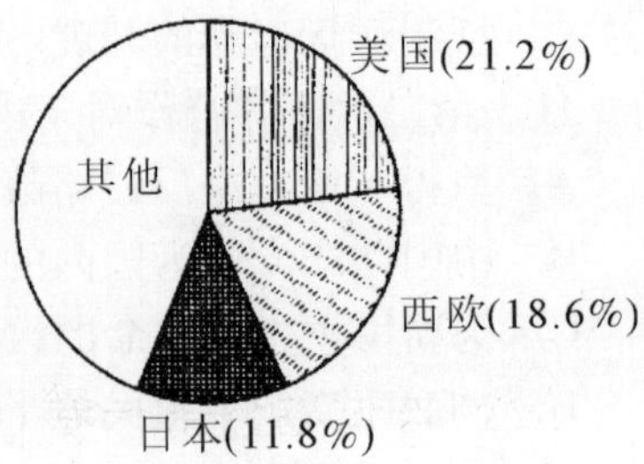

A. 19 世纪 70 年代
B. 20 世纪 20 年代
C. 20 世纪 50 年代
D. 20 世纪 80 年代

20. 如果一个文学流派的作品“行使了社会学家、社会史家以及社会批评家的职能”，既把视角对准了公共生活，也对准了个人生活，那么这个流派可以称为

A. 古典主义流派　　B. 浪漫主义流派
C. 现实主义流派　　D. 现代主义流派

二、材料解析题：本大题共 2 小题，每小题 15 分。

21. 阅读下列材料：

《晋书·王羲之传》载：羲之少时，“太尉郗鉴使门生求女婿于导（王导，羲之祖父，官居司徒），导令就东厢遍观子弟。门生归，谓鉴曰：‘王氏诸少并佳，然闻信（使）至，咸自矜持。惟一人在东床坦腹食，独若不闻。’鉴曰：‘正此佳婿邪。’访之，乃羲之也，遂以女妻之”。这是历史上有名的“东床快婿”的故事。

根据材料并结合所学知识，回答下列问题。

（1）指出这一史事反映的当时婚姻的特点。(9 分)

（2）郗鉴选择“东床快婿”的事例反映出当时上流社会的男性以什么样的行为为美？(6 分)

22. 阅读下列材料：

苏维埃“政府接着宣布废除与日本、中国和以前各协约国所缔结的一切秘密条约，因为沙皇政府及其各协约国利用这些条约以威逼利诱的方法奴役东方各国人民。苏维埃政府把沙皇政府独自从中国人民那里掠夺的或与日本人、协约国共同掠夺的一切交还中国人民以后，立即建议中国政府就废除 1896 年条约、1901 年北京条约、1907 年至 1916 年与日本签订的一切协定进行谈判，此项谈判延续至 1918 年 3 月，不料协约国竟扶持北京政府，厚贿北京官员和中国报纸，强迫中国政府同俄国工农政府断绝一切关系。日本和协约国不等满洲铁路归还中国人民就将它攫为己有，他们并进犯西伯利亚，甚至迫使中国军队援助这一罪恶的闻所未闻的强盗行为……”

——《俄罗斯苏维埃社会主义共和国政府对中国人民和中国南北政府的宣言》（1919 年 7 月）

根据材料并结合所学知识，回答下列问题。

（1）历史上，沙皇俄国迫使中国签订了一系列不平等条约。根据材料并结合所学知

识指出，没有包括在宣言中的中俄不平等条约还有哪些？(6 分)

（2）苏维埃政府的这一宣言及本着宣言原则发布的其他文献，在 20 世纪 20 年代初的中国得到了广泛赞誉。结合材料及当时的历史背景，分析其得到赞誉的原因。(9 分)

三、问答题：本大题共 3 小题，任选 2 题，每小题 30 分。

23. 明清时期为加强对西南少数民族地区（包括西藏）的管理，中央政府采取了哪些主要措施？(30 分)

24. 中国近代历史上，太平天国与同盟会都提出了土地制度的改革方案。从主要内容、性质、思想渊源方面比较二者的异同。(30 分)

25. 概述文艺复兴时期人文主义的主要内容及其影响。(30 分)

地　理

一、选择题（本大题共 20 小题，每小题 3 分。在每小题给出的四个选项中，只有一项是符合题目要求的）

1．人类建筑的高度一般是指建筑物

A．最高点海拔　　B．基点的海拔

C．基点与最高点的高差　　D．所在城市的平均海拔

2．目前世界上建成的最高建筑物（828 米）矗立在

A．加拿大多伦多　B．中国台北　C．阿联酋迪拜　D．美国纽约

3．下列旅游资源中，位于山西与陕西交界处的是

A．五台山　B．云冈石窟　C．壶口瀑布　D．平遥古城

4．截至 2010 年底，人口超过一亿的国家数仅次于亚洲的是

A．北美洲　B．非洲　C．欧洲　D．南美洲

5．导致 2010 年 2 月底智利发生强烈地震的两个板块是

A．大西洋板块和美洲板块

B．纳兹卡板块和美洲板块

C．菲律宾板块和印度洋板块

D．亚欧板块和菲律宾板块

6．太阳活动对地球的影响表现为

A．稳定地向地球提供能源

B．对地球的生态系统产生灾难性影响

C．引起地球的能源危机

D．以近似周期的波动，影响无线电通信

7．随着经济全球化的发展，世界制鞋业加工地空间转移的明显趋势是

A．向劳动力成本低的区域转移　　B．向大型市场地域转移

C．向原料产地转移　　D．向高科技中心转移

8．下列海峡中，分隔两大洲、连通两个海的是

A．直布罗陀海峡　B．土耳其海峡　C．麦哲伦海峡　D．马六甲海峡

9．截至 2010 年底，我国已开通的距离最长的高速铁路，连接了

A．北京、天津　B．北京、上海　C．武汉、广州　D．武汉、北京

10．“低碳生活方式”提倡的是节约

A．水资源　B．能源　C．生物资源　D．土地资源

图示北纬 30°附近的两条经线 m、n，它们之间区域的日期与全球其他地方不同，P 地的地方时为 3 时。据此完成 11～12 题。

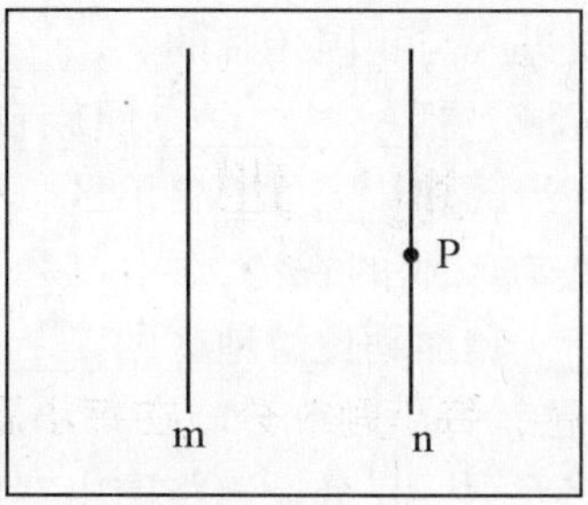

图1

11. m线的经度是

A. 180°　　B. 135° E　　C. 135° W　　D. 0°

12. 此时，北京时间为

A. 23时　　B. 18时　　C. 12时　　D. 8时

2010年3月下旬，我国新疆北部阿勒泰部分地区遭受了洪灾。据此完成13~14题。

13. 造成此次洪灾的原因是

A. 骤降暴雨　　B. 水库泄洪　　C. 积雪消融　　D. 冰川入侵

14. 该地区冬季水汽主要来自于

A. 印度洋与太平洋　　B. 太平洋与大西洋

C. 大西洋与印度洋　　D. 大西洋与北冰洋

15. 下列地区中，大量生产春小麦的是

A. 美国北部　　B. 印度南部

C. 中国华北　　D. 澳大利亚东南部

16. 下列岩石中，属于变质岩的是

A. 玄武岩　　B. 砂岩　　C. 花岗岩　　D. 大理岩

17. 近年来我国春节前后大规模的铁路“春运”，主要承运

A. 中小学生　　B. 农民工　　C. 外国旅游者　　D. 港澳台同胞

18. 下列省份，城市化水平最高的是

A. 黑龙江　　B. 甘肃　　C. 河南　　D. 江苏

19. 锋是常见的天气系统，暖锋是指

A. 自南向北移动的锋　　B. 自北向南移动的锋

C. 冷气团主动向暖气团方向移动的锋　　D. 暖气团主动向冷气团方向移动的锋

20. 下列天气现象中，由准静止锋造成的是

A. 台风　　B. 梅雨　　C. 伏旱　　D. 寒潮

二、填充题（共20分。本题共20个空格，每填对一空得1分。请将答案填写在答题卡相应空格内）

21. 从北仑河口向西，我国的陆上临国依次是________、________、________、________和________等。

22. 我国从尼日利亚进口石油，要从________洋出发绕非洲南端的________角进入

______洋向东北，经________海峡进入与我国相临的________海。

23. 我国省级少数民族自治区域包括__________回族自治区、__________壮族自治区、________自治区、________自治区和________自治区。

24. 目前世界的主要金融中心有东亚的香港、____________，美国的____________，英国的__________，德国的________和加勒比海地区的________等。

三、读图、填图题（每题10分，共40分。请将图中字母所代表的地理事物的名称填在答题卡相应空格内）

25. 读图2填空：

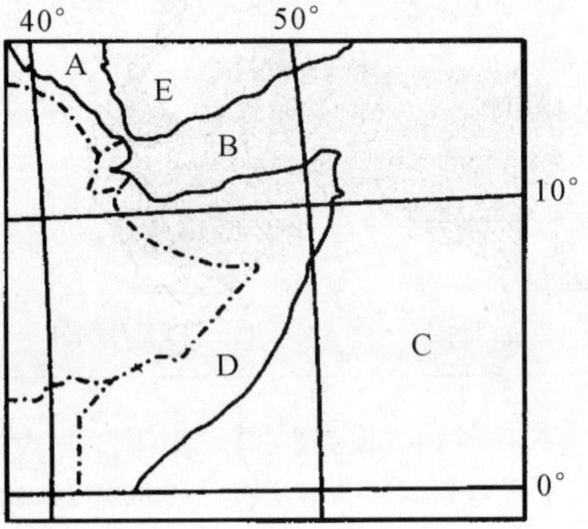

图2

A是________________海；　B是________________湾；

C是________________洋；　D是__________（国家）；

E是______________半岛。

26. 读图3填空：

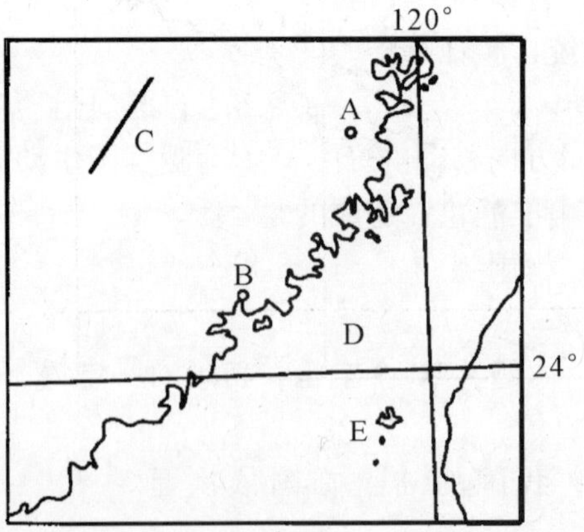

图3

A 是________________市；　　　　B 是________________市；

C 是________________山；　　　　D 是________________海峡；

E 是______________列岛。

27．读图 4 填空：

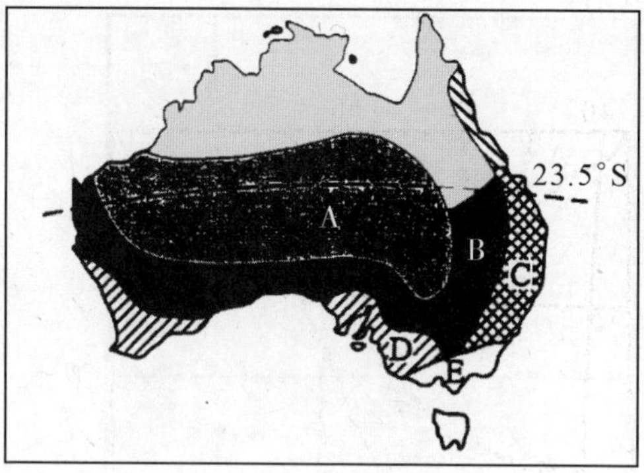

图 4

A 是________________气候区；　　　　B 是________________气候区；

C 是________________气候区；　　　　D 是________________气候区；

E 是________________气候区。

28．读图 5 填空：

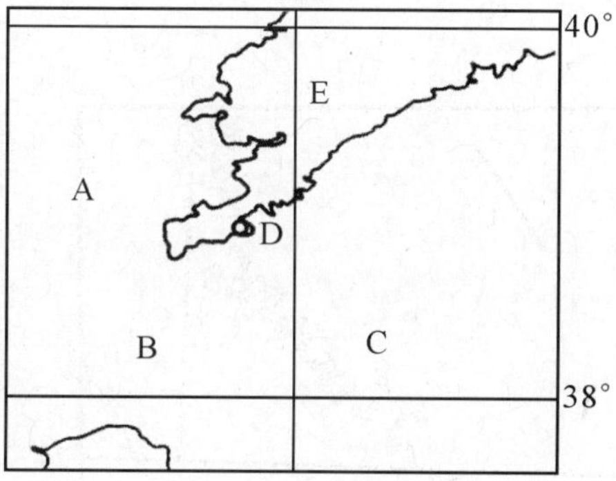

图 5

A 是________________海；　　　　B 是______________海峡；

C 是________________海；　　　　　　　　D 是________________市；

E 是______________半岛。

四、综合题（共 30 分）

29. 我国某地在图 6 所示海域的甲地填海约 20 平方千米，建设渔港码头和游艇码头。读图 6，回答下列问题。（15 分）

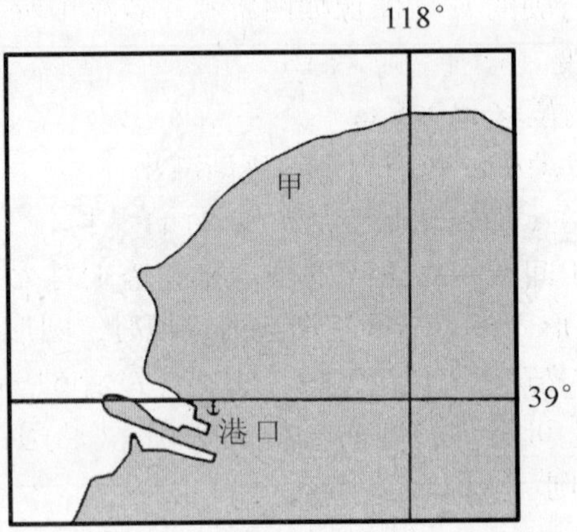

图 6

（1）指出图中甲地南边的海港及依托的城市，并说明图示海域的特点。

（2）该码头建成后，对当地哪些产业有较大的推动作用？

（3）说明此填海工程完成后，应注意的主要维护工作。

30. 南美洲的巴塔哥尼亚高原（40° S～50° S）东西两侧均距离海洋较近，但高原上气候干燥。试从大气环流与地形的影响加以说明。（15 分）

物　理

一、选择题：本大题共 13 小题，每小题 4 分，共 52 分。在每小题给出的四个选项中，只有一项是符合题目要求的。

1. 汽车在平直公路上行驶的 $v-t$ 图像如图所示。若汽车所受阻力一直不变，则

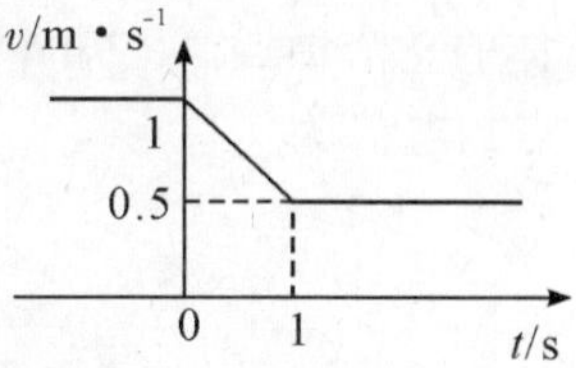

A. 阻力的功率保持不变

B. 在 0 到 1 s 内汽车的位移为 0.5 m

C. 在 0 到 1 s 内汽车发动机的牵引力一定逐渐减小

D. 汽车发动机的功率在 $t=1$ s 之后变为 $t<0$ 时的一半

2. 将透镜边缘涂黑，中间留一可透光的圆。将透镜正对太阳，位于镜后屏上出现一圆形光斑。当屏逐渐远离透镜时，圆形光斑的直径逐渐增大。当屏在镜后 24 cm 处时，圆形光斑直径为 10 cm；当屏在镜后 64 cm 处时，圆形光斑直径为 20 cm。设透镜焦距、透镜上可透光的圆的直径分别为 f（凸透镜焦距以正值表示，凹透镜焦距以负值表示）和 d，则

A. $f=16$ cm，$d=4$ cm　　B. $f=-16$ cm，$d=4$ cm

C. $f=-8$ cm，$d=2$ cm　　D. $f=16$ cm，$d=0.5$ cm

3. 如图所示，一根用绝缘材料制成的轻弹簧，劲度系数为 k，一端固定，另一端与一质量为 m、带电荷量为 q 的物块 A 相连。系统处于水平向右的匀强电场中，电场强度大小为 E，物块 A 静止在光滑绝缘水平面上。现使电场反向，当物块速度再次变为零时，物块移动的距离为

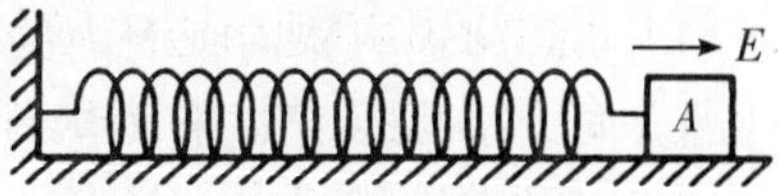

A. qE/k　　B. $2qE/k$

C. $3qE/k$　　D. $4qE/k$

4. 已知某矿石中含有两种放射性物质 A、B，它们的半衰期分别为 n_A 天和 n_B 天。若经过 N 天后，两种物质的质量相等，则现在此矿石中 A、B 的质量之比为

A. $2^{N/n_B}:2^{N/n_A}$　　B. $2^{n_A/N}:2^{n_B/N}$

C. $2^{N/n_A}:2^{N/n_B}$　　D. $2^{n_B/N}:2^{n_A/N}$

5. 如图所示，用轻弹簧连接物块 P 和 Q，置于水平地面上。在 Q 上下振动的过程中，下列说法正确的是

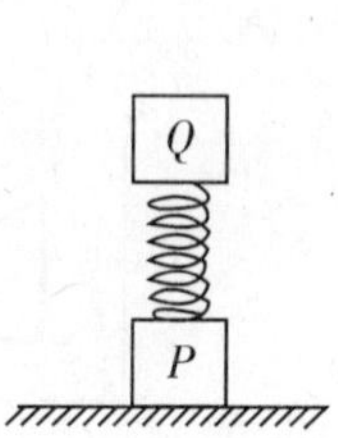

A. Q 处于平衡位置时，地面所受的压力最小

B. Q 位于最高处时，地面所受的压力最大

C. 在 Q 从平衡位置向上运动的过程中，地面所受的压力逐渐变小

D. 在 Q 向上运动到平衡位置的过程中，地面所受的压力逐渐变大

6. 刚要下落的木块在空中与一水平射来的动能为 E 的子弹相遇，子弹穿过木块后其水平速度减半。已知木块与子弹质量相同，假定子弹穿过木块的时间很短，忽略木块下落过程中空气阻力的作用，则木块落地前的机械能与未遇到子弹相比较

A. 保持不变　　　　　　　　　B. 增加 $E/2$

C. 增加 $E/3$　　　　　　　　D. 增加 $E/4$

7. 七盏完全相同的灯泡按如图方式接在一理想变压器初级线圈与两个次级线圈上，均能正常发光。此变压器初级线圈与两个次级线圈的匝数比 $n_1:n_2:n_3$ 为

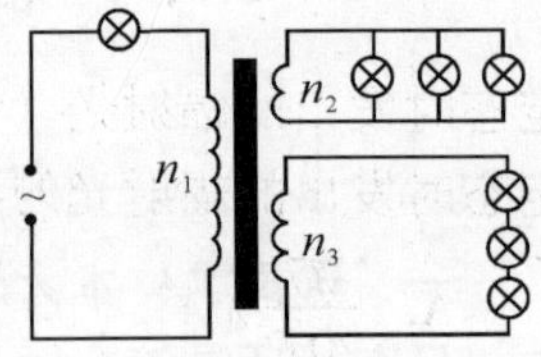

A. 30∶3∶1　　　　　　　　B. 10∶3∶9

C. 2∶3∶1　　　　　　　　　D. 6∶1∶3

8. 如图所示，匀强电场中的点 A、B、C、D、E、F、G、H 为立方体的 8 个顶点。已知 F、B 和 D 点的电势分别为 1 V、2 V 和 4 V，则 H 点的电势为

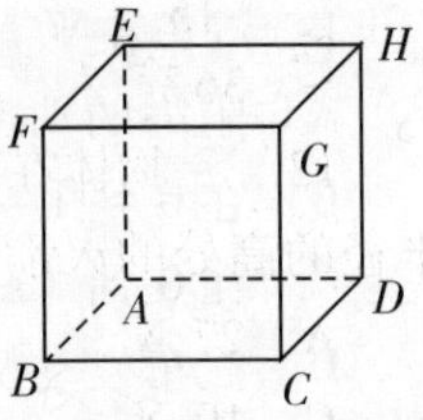

A. 1 V　　　　　　　　　　B. 2 V

C. 3 V　　　　　　　　　　D. 4 V

9. 血液可视为由红血球和血浆组成的悬浮液。将装有血液的管子竖直放置，红血球会在血浆中下降。已知在黏性流体中很小的球形物体匀速下落的速度（在速度不大时）与其半径的平方成正比。假设红血球在血浆中下沉所受到的黏滞阻力 f 与红血球半径 R 和速度 v 的关系为 $f \propto R^{\alpha} v^{\beta}$，则 α 和 β 的值可能正确的是

A. $\alpha=1$，$\beta=1$　　　　　　B. $\alpha=2$，$\beta=1$

C. $\alpha=0$，$\beta=1$　　　　　　D. $\alpha=1$，$\beta=0$

84

10. 如图所示，在纸面内两个半径不同的同心圆弧导线两端用直导线 ab、cd 连接成封闭回路 L，回路中通有恒定电流；圆心处有一直导体垂直于纸面。当直导体通有指向纸面内的电流时，封闭回路 L 的 ab 段沿穿过纸面朝外的方向、cd 段沿穿过纸面朝内的方向转动。不计重力，则封闭回路 L 中电流的流向及转动过程中 L 与直导线的位置关系是

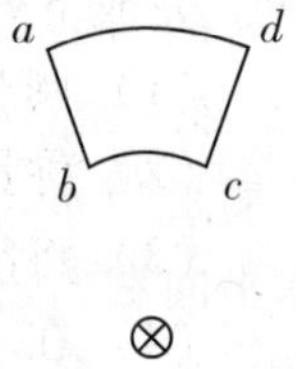

A. 从 c 流向 d，L 靠近直导线　　　B. 从 d 流向 c，L 靠近直导线

C. 从 c 流向 d，L 远离直导线　　　D. 从 d 流向 c，L 远离直导线

11. 一定量的理想气体经历的循环过程 1→2→3→1 的 $p-V$ 图线如图所示，图中图线 2→3 是双曲线。此过程 1→2→3→1 对应的 $V-T$ 图线为

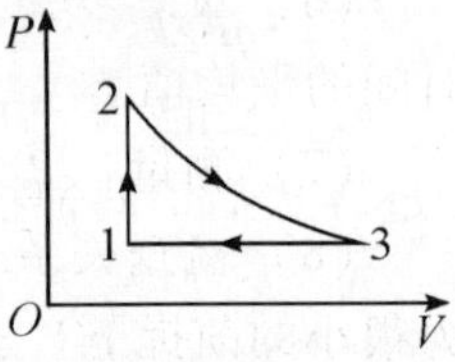

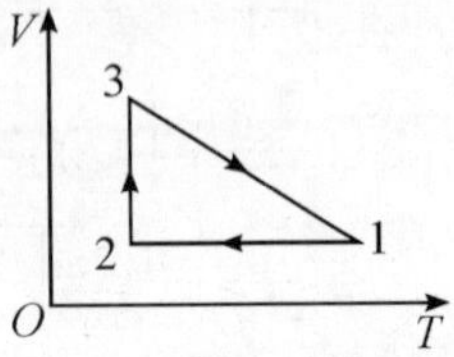

A.

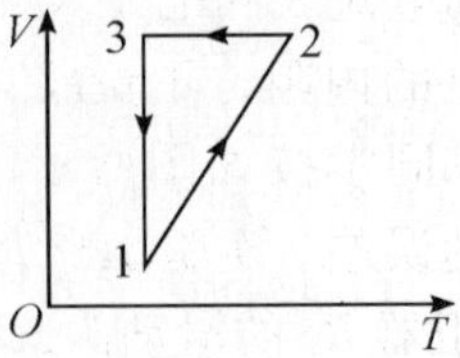

B.

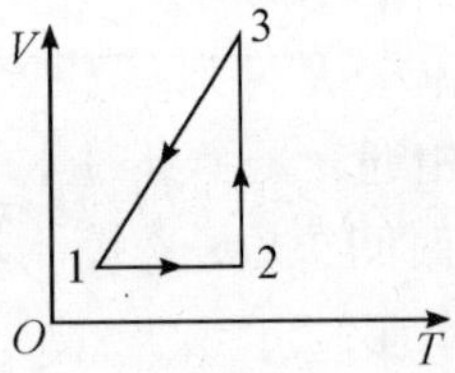

C.

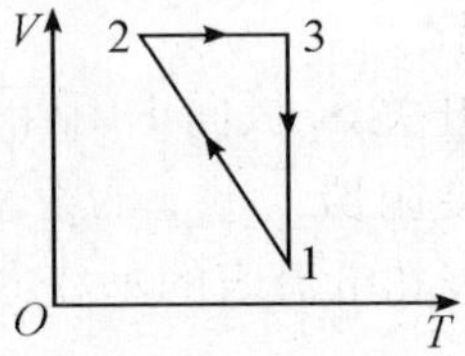

D.

12. 类氢离子（原子核外仅有一个电子，且原子序数 $Z>1$）的第 n 定态的能量为 $E_n=A\dfrac{Z^2}{n^2}$，$n=1,2,3,\cdots$，式中 $A=-13.6\ \text{eV}$。若已知氢原子从第 $n=3$ 定态跃迁到第 $n=2$ 定态时发出的辐射光（H_α 谱线）的波长为 λ_α，则类氢离子从第 $n=4$ 定态跃迁到第 $n=2$ 定态时发出的辐射光的波长为

A. $\dfrac{27}{20Z^2}\lambda_\alpha$　　B. $\dfrac{20}{27Z^2}\lambda_\alpha$

C. $\dfrac{15}{36Z^2}\lambda_\alpha$　　D. $\dfrac{36}{15Z^2}\lambda_\alpha$

13. 一物体在地球表面重 50 N。它在以 5 m/s^2 的加速度上升、离地球表面 4 倍地球半径的高处的火箭中的视重为（地球表面处的重力加速度为 10 m/s^2）

A. 27 N　　B. 25 N

C. 10 N　　D. 2 N

二、实验题：本大题共 2 小题，共 24 分。按题目要求作答。

14.（10 分）某同学用如图所示的装置做“验证动量守恒定律”的实验。图中，B 为气垫导轨，A、C 为固定在导轨两端的竖直挡板，D、E 是两个刚性滑块。完成下列实验步骤：

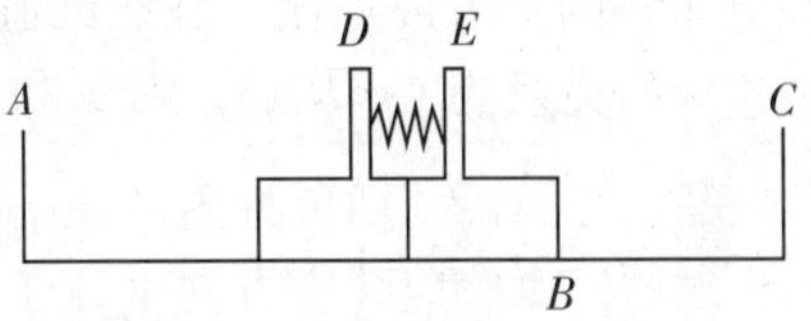

（1）调节气垫导轨，使导轨保持__①__。

（2）称量滑块 D、E 的质量 m_1 和 m_2。

（3）将滑块 D、E 紧贴在一起，置于导轨上的确定位置。用电动卡销卡住 D 和 E。

（4）在 D 和 E 之间水平放置一轻弹簧，使弹簧处于压缩状态。

（5）放开电动卡销；同时启动电子计时器，记下 D 至 A 运动的时间和 E 至 C 运动的时间。

（6）重复步骤（3）（4）（5）多次，计算 D 至 A 运动时间的平均值 t_1 和 E 至 C 运动时间的平均值 t_2。

（7）测量__②__和__③__。

（8）检查关系式__④__是否近似成立；如近似成立，则（在滑块和气垫导轨的摩擦力很小的前提下）验证了动量守恒。

15.（14 分）用电流表和电压表测金属丝的电阻 R_x 时，由于实际的电表具有一定的内阻，不论将电流表内接还是外接，都会产生一定的误差。某同学按如图所示的电路进行测量，可以消除由于电表内阻造成的误差。实验步骤如下：

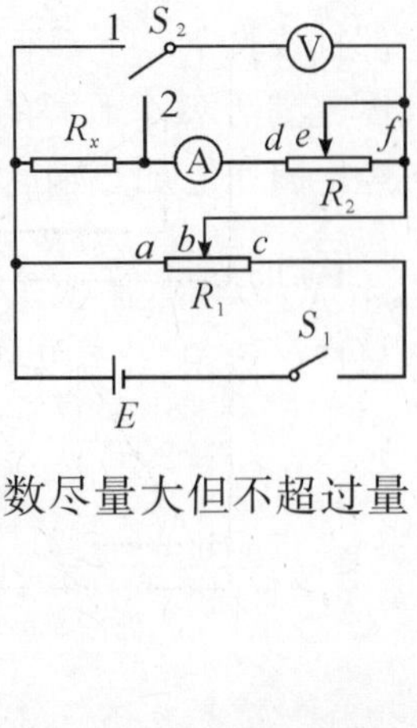

（1）将滑动变阻器 R_1 的滑动头 b 移到 a 端，将滑动变阻器 R_2 的滑动头 e 移到 f 端；

（2）单刀双掷开关 S_2 扳向 1 闭合，闭合开关 S_1；

（3）调节滑动变阻器__①__的滑动头，使电压表和电流表的示数尽量大但不超过量程，读出此时电压表和电流表的示数 U_1 和 I_1；

（4）使滑动变阻器 ___②___ 的滑动头的位置 ___③___ ，将单刀双掷开关 S_2 扳到 2，读出此时电压表和电流表的示数 U_2 和 I_2；

（5）被测电阻 R_x = ___④___ 。

三、计算题：本大题共 4 小题，共 74 分。解答时应写出必要的文字说明、方程式和主要演算步骤。只写出最后答案，不能得分。有数值计算的题，答案中必须明确写出数值和单位。

16.（16 分）如图所示，直角三角形 ABC 为一玻璃棱柱的横截面，$\angle ACB=\frac{\pi}{3}$。P 为 AC 上的一点，一束细光线从 P 点入射，侧面 BC 上可以观测到有光线自玻璃棱柱内射出。当入射角逐渐变为 $\theta=\frac{\pi}{6}$ 时，从玻璃棱柱射出的光线刚好消失。求此玻璃的折射率。

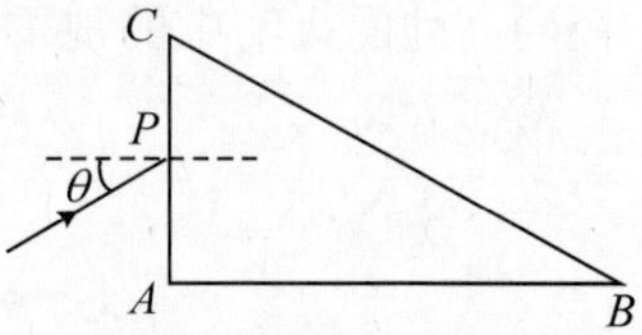

17.（18 分）如图所示，在 $x>0$，$y>0$ 的区域内存在匀强电场，方向沿 x 轴负方向；在平面 $x=-0.010$ m 左边存在匀强磁场，磁感应强度方向垂直于纸面向里。在 x 轴上 $x_A=-0.020$ m 处的 A 点沿 x 轴正向，以速度 $v_0=2.0\times10^{6}$ m/s 发射一质量 $m=1.6\times10^{-27}$ kg、带正电荷量 $q=1.6\times10^{-19}$ C 的粒子。此粒子运动至 G 点时（图中未画出）其 x 坐标达到最大值，此时粒子在电场中沿 x 方向的位移与沿 y 方向的位移之比为 $\sqrt{3}:2$。不计重力，求磁场区域磁感应强度的大小。

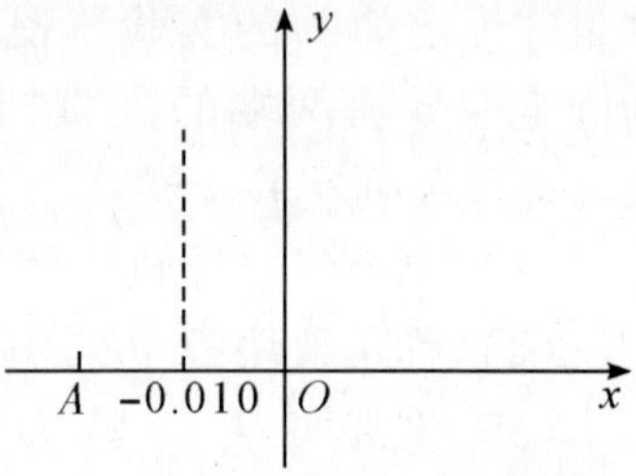

18.（20 分）一绝热筒状容器竖直放置，开口向上；活塞 A 与筒壁光滑密接，并由支架托住；活塞下面容器体积为 18 L。隔板 B 将此容积分为两部分，上部抽成真空，下部有温度 $T_1=300$ K，摩尔数 $n=1$ mol 的氮气。抽开隔板 B，气体充满活塞 A 下面的容积，热平衡后气体对活塞的压力刚好能使活塞移动。再经电阻通电加热输入热量 $7nRT_1$。已知氮气在压强不变的情况下，温度升高 ΔT 所需的热量为 $\frac{7nR}{2}\Delta T$，求从抽开隔板开始的整个过程中气体对外做的功和气体最后的体积。（结果保留两位有效数字，$R=8.31\ \text{J}\cdot\text{mol}^{-1}\cdot\text{K}^{-1}$ 为普适气体常数。）

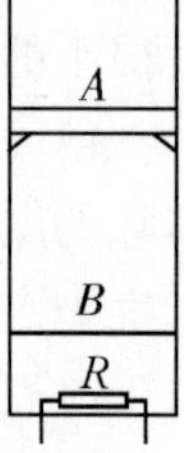

19.（20 分）长度为 d 的木块 B 置于水平地面上，木块与地面的动摩擦因数为 μ。若给木块一初速度，木块在地面上滑行距离 $4d$ 后停止。若将木块右边用一销钉 C 卡住，假设一质量与 B 相同的子弹 A 以上述木块的初速度水平射入木块，刚好不能将木块射穿。现将销钉拔去，让 A 水平射入静止的木块。已知 A 在木块中运动时所受到的阻力大小恒定，重力加速度为 g，若要求子弹 A 仍不能射出木块 B，求：

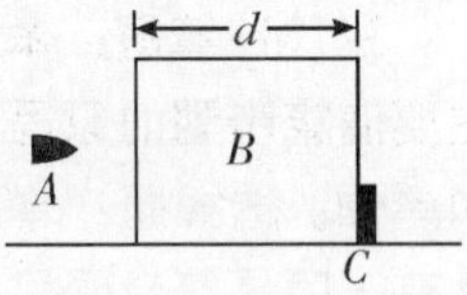

（1）射入木块 B 前子弹 A 允许的最大速度；

（2）木块 B 在子弹 A 射入后可能的最大位移。

化 学

可能用到的原子量：H 1　C 12　N 14　O 16　S 32　Cr 52　Zn 65　Ba 137

一、选择题：本题共 18 小题，每小题 3 分，共 54 分。在每小题给出的四个选项中，只有一项是符合题目要求的。

1．下列物质中没有固定沸点的是

A．航空煤油　B．氯仿　C．液氯　D．汞

2．下列物质中属于分子晶体的是

A．Na　B．$MgCl_2$　C．SiO_2　D．I_2

3．清洁燃料汽车所用的燃料是

A．液化石油气　B．汽油　C．压缩天然气　D．柴油

4．下列胶体性质不能用来与溶液区分的是

A．能透过滤纸　B．不能透过半透膜

C．丁达尔效应　D．布朗运动

5．既有离子键，又有共价键的化合物是

A．CH_4　B．CH_3OH　C．CH_3COONa　D．KBr

6．下列反应不属于氧化还原反应的是

A．$CuO + H_2 \xlongequal{\triangle} Cu + H_2O$

B．$2C_2H_5OH + 2Na \xlongequal{} 2C_2H_5ONa + H_2\uparrow$

C．$2HCl + CaCO_3 \xlongequal{} CaCl_2 + H_2O + CO_2\uparrow$

D．$2P + 3Cl_2 \xlongequal{\triangle} 2PCl_3$

7．光电管已广泛应用于科技和生活领域，其中有一种是铯型光电管，它所利用的铯的性质是

A．铯原子易失去电子　B．铯的硬度小，便于加工

C．铯的熔点低，常温下呈液态　D．铯易燃烧，常温下在空气中可自燃

8．下列反应中，可以用离子方程式 $H^+ + OH^- \xlongequal{} H_2O$ 表示的是

A．$Ba(OH)_2$ 溶液与稀硫酸反应　B．$Cu(OH)_2$ 与稀盐酸反应

C．$Ca(OH)_2$ 溶液与稀硝酸反应　D．$Al(OH)_3$ 与稀硫酸反应

9．下列混合气体中含碳百分率肯定比乙烯高的是

A．甲烷和苯蒸气　B．乙烷和丁二烯

C．甲烷和乙烷　D．乙炔和丙烯

10．判别两种不同有机化合物是否为同分异构体的依据是

A．具有相同的物理性质　B．具有相同的化学性质

C．具有相同的分子量　D．具有相同的分子式

11. M 元素的一个原子失去两个电子转移到 N 元素的两个原子中去，形成离子化合物 Z，下列说法中不正确的是

A. Z 的熔点较高　　B. M 一定是周期表 IIA 族元素

C. Z 不一定易溶于水　　D. Z 的化学式是 MN_2

12. 在 pH = 1 的含 Mg^{2+}、Al^{3+} 和 Fe^{2+} 三种阳离子的溶液中，可能大量存在的阴离子是

A. NO_3^-、Cl^-　　B. Cl^-、SO_4^{2-}　　C. SO_3^{2-}、Br^-　　D. SO_4^{2-}、CO_3^{2-}

13. 下列说法中正确的是

A. 分子中键能越大，键越长，则分子越稳定

B. 失去电子难的原子获得电子的能力一定强

C. 金属原子在化学反应中只能失去电子，故不能形成共价键

D. 电子层结构相同的离子，其半径随核电荷数的增多而减小

14. 一定量的盐酸跟过量的铁粉反应时，为减小反应速率但又不影响生成氢气的总量，可向盐酸中加入适量的

A. 固体氢氧化钠　　B. 固体醋酸钠

C. 固体碳酸钠　　D. 固体氯化铵

15. 用两支惰性电极插入下列溶液中，通电一段时间后，测得溶液的 pH 不变（通电前后溶液的温度不变），则该溶液可能是

A. 稀 H_2SO_4 溶液　　B. 稀 NaOH 溶液

C. 饱和 NaCl 溶液　　D. 饱和 Na_2SO_4 溶液

16. 25 ℃、101 kPa 时，0.096 kg 碳完全燃烧可放出 3 148 kJ 热量。以下热化学方程式正确的是

A. $\frac{1}{2}C(s) + \frac{1}{2}O_2(g) = \frac{1}{2}CO_2(g)$　　$\Delta H = -196.8\ kJ/mol$

B. $C(s) + O_2(g) = CO_2(g)$　　$\Delta H = +393.5\ kJ/mol$

C. $C(s) + \frac{1}{2}O_2(g) = CO(g)$　　$\Delta H = -393.5\ kJ/mol$

D. $C(s) + O_2(g) = CO_2(g)$　　$\Delta H = -3\ 148\ kJ/mol$

17. $KMnO_4$ 溶液与氢溴酸可以发生反应：$KMnO_4 + HBr \longrightarrow Br_2 + KBr + MnBr_2 + H_2O$，若反应中有 0.25 mol Br_2 生成，则消耗的氧化剂的物质的量是

A. 0.50 mol　　B. 0.25 mol　　C. 0.125 mol　　D. 0.10 mol

18. 在一定温度和压强下，将 1 L 氮气和 3 L 氢气充入一体积可变的密闭容器中使之反应，达到平衡时，在相同条件下测得平衡混合气体的体积为 3.2 L，则该反应中 H_2 的转化率为

A. 20%　　B. 40%　　C. 60%　　D. 80%

二、根据要求解答 19 ~ 25 题，将答案写在答题卡相应位置上。

19.（10 分）

已知 A、B、C、D 分别为 NaOH、Na_2CO_3、$NaHSO_4$ 和 $MgSO_4$ 四种溶液中的一种，它

们中两种溶液相互反应时，观察到的现象如表所示。（表中“—”表示无明显现象变化，“↑”表示有气体生成，“↓”表示有沉淀生成）填写下面空白：

	A	B	C	D
A	—	↑	—	—
B	↑	—	↓	—
C	—	↓	—	↓
D	—	—	↓	—

（1）A、B、C、D 对应的溶液分别为

A ________，B ________，C ________，D ________。

（2）写出下列反应的离子方程式

A + B ________；B + C ________；C + D ________。

20.（18 分）

为了检出以下表格第一列中各物质所含的少量杂质，请从给出的 10 种检验方法中选取相应的一种填入表格的第二列（只填编号），然后，在表格的第三列写出检验时观察到的实验现象。

给出的检验方法是：①加酚酞试液；②加 KSCN 溶液；③通入品红溶液中；④通入澄清石灰水中；⑤加 $AgNO_3$ 溶液；⑥加 $BaCl_2$ 溶液；⑦加淀粉溶液；⑧进行焰色反应；⑨加无水 $CuSO_4$ 固体；⑩加 Na_2CO_3 溶液。

检出物质	检验方法	观察到的现象
稀 NaOH 溶液中的 Na_2CO_3		
乙醚中的水		
$Ba(NO_3)_2$ 溶液中的 $BaCl_2$		
酸性 KI 溶液中的 I_2		
CO_2 气体中的 SO_2		
$FeSO_4$ 溶液中的 Fe^{3+} 离子		

21.（9 分）

某气体物质 X 极易溶解在水中，将 X 的浓溶液跟 MnO_2 共热，产生一种黄绿色气体单质 Y。将 Y 通入冷的 NaOH 溶液中，生成两种钠盐。X 的稀溶液跟锌粒反应，可生成气体 Z。Z 与 Y 的混合气体经光照发生爆炸反应，又生成气体 X。据此回答：

（1）X、Y、Z 的化学式分别是________、________、________；

（2）X 的浓溶液跟 MnO_2 共热的化学反应方程式是________；

（3）气体 Y 跟冷的 NaOH 溶液反应的离子方程式是________。

22.（18 分）

甲、乙、丙、丁四种短周期元素的原子序数依次增大，甲与丁属同一主族，乙与丙属同一周期。甲与乙可组成气态化合物 A，其中甲与乙的原子数之比为 4∶1。甲与丙可组成两种均为液态的化合物 B 和 C，B 中甲与丙的原子个数之比为 1∶1，而 C 中为 2∶1。丙与丁也可组成两种化合物 D 和 E，它们均为固态，D 中丙与丁的原子个数之比为 1∶1，而 E 中为 2∶1。

请回答：

（1）A、B、C、D 和 E 的化学式分别是________、________、________、________

和________；

（2）C 跟 D 发生反应的化学方程式是________；

（3）乙元素的最高价氧化物跟 E 发生反应的化学方程式是________；

（4）B 的结构式是________，D 的电子式是________。

23.（21 分）

（1）化合物 A 和 B 的分子量均不超过 70。1mol A 完全燃烧需要 2 mol 氧气，只生成等摩尔的二氧化碳和水。1 mol B 完全燃烧需要 1 mol 氧气，只生成等摩尔的二氧化碳和水，则 A 的分子式是________，B 的结构简式是________。

（2）A 是单官能团化合物，与碳酸氢钠溶液加热反应放出无色气体，该气体能使澄清的石灰水变混浊，则 A 与碳酸氢钠溶液反应的化学方程式是________。

（3）C 是 A 的一个同分异构体，分子中有两种官能团，能发生银镜反应。C 与氢氧化钠溶液共热后，得到两个含氧化合物 D 和 E。D 与酒精有类似的气味，该化合物是无色透明的液体，有毒，饮后会使人眼睛失明。则 C 生成 D 和 E 的化学方程式是________，反应类型是________。D 和 E 的化学名称分别是________、________。

（4）链型化合物 F 是 A 的另一个同分异构体，分子中有两种含氧官能团，则 F 的结构简式可能是________，化学名称是________。

24.（10 分）

在 50.00 mL$Cr_2(SO_4)_3$ 溶液中含有 a g Cr^{3+} 离子，取 10.00 mL 该溶液，置于 250 mL 容量瓶中，稀释至刻度。求稀释后溶液中 SO_4^{2-} 离子的浓度 $c(SO_4^{2-})$。

25.（10 分）

向 10 mL 硫酸钠和碳酸钠混合溶液中加入过量的氯化钡溶液，得到的沉淀干燥后为 4.3 g；在沉淀中加入过量的稀 HNO_3 后，可得到 224 mL 气体（标准状况）。求原混合溶液中硫酸钠和碳酸钠的物质的量浓度。

2011年暨南大学、华侨大学招收港、澳、台、华侨、华人及其他外籍学生入学考试题目答案

语 文

一、基础知识（共30分）

（一）单项选择题（每题2分，共14分）

1. A　2. C　3. D　4. B　5. B　6. C　7. A

（二）多项选择题（每题2分，共6分）

8. BCD　9. ADE　10. ACD

（三）填空题（每题1分，共5分）

11. 淡妆浓抹总相宜

12. 千载谁堪伯仲间

13. 匹夫不可夺志也

14. 山水诗

15. 借代

（四）判断题（每题1分，共5分）

16. √　17. ×　18. ×　19. ×　20. √

二、阅读理解（共50分）

（一）文言文阅读（每题3分，共30分）

21. A　22. C

23. 侯生整理一下他的破旧衣帽，径直走上车去坐在公子的上座，毫不谦让，想借此来窥测公子的态度。

24. 公子几次去拜访他，朱亥故意不回拜。公子觉得他很奇怪。

25. 市人皆以嬴为小人，而以公子为长者，能下士也。（用现代语体文答“为魏无忌树立了谦恭下士的形象”亦可）

26. B　27. A　28. A　29. B　30. C

（二）现代文阅读（共20分）

单项选择题（每题2分，共8分）

31. B　32. D　33. D　34. B

35. 判断题（每小题2分，共8分）

①√　②×　③×　④√

36. 简答题（共4分）

①故事情节上有所创新，塑造了完整、丰满、优美的艺术形象，主题思想也更明确了。(3个要点，每点1分，共3分)

②多以“……传”为标题。

三、语言文字表达（共70分）

37.（每句2分，共4分）

评分标准：词语不能重复使用。缺漏词语或者多增词语扣1分，语句不通扣1分，扣完为止。

①是老师倡议全班同学星期六在操场上向贫困山区捐款。

②老师倡议全班同学在操场上向贫困山区捐款是星期六。

38.（共1题，6分）

评分标准：

1等（4~6分）：内容有创意，形式有讲究，文句通顺。

2等（0~3分）：内容一般，形式不讲究，文句不通。

39. 略

数　学

一、选择题（每小题 4 分，共 60 分. 选错或不选的题得 0 分）

1. B　2. C　3. B　4. A　5. B　6. D　7. D　8. B　9. D　10. B　11. C　12. A　13. A　14. C　15. C

二、填空题（每小题 4 分，共 20 分）

16. -4　17. -2　18. $\frac{\pi}{6}$　19. 7　20. $y=2x-1$

三、解答题（本大题满分 70 分. 在第 21、22、23、24、25 题中任选三题作答，若解答超过三题，按所答前三题计分. 选考历史或地理的考生做第 26、27 题，选考物理、化学或生物的考生做第 28、29 题. 解答时应写出文字说明、证明过程或演算步骤，按步计分）

21.（本小题 14 分）

解：由 $\sin\alpha=-\frac{4}{5}$，且 $\alpha\in\left(\frac{3\pi}{2},\ 2\pi\right)$ 得

$\cos\alpha=\sqrt{1-\sin^2\alpha}=\frac{3}{5}$　　（3 分）

$\cos\left(\alpha-\frac{\pi}{6}\right)=\cos\alpha\cos\frac{\pi}{6}+\sin\alpha\sin\frac{\pi}{6}$　　（8 分）

$=\frac{3}{5}\times\frac{\sqrt{3}}{2}-\frac{4}{5}\times\frac{1}{2}$

$=\frac{3\sqrt{3}-4}{10}$　　（14 分）

22.（本小题 14 分）

解：设 AB、BC、CA 的长度分别为 c、a、b，

由 $\tan B=\sqrt{3}$，得 $B=60°$，所以 $\sin B=\frac{\sqrt{3}}{2}$，$\cos B=\frac{1}{2}$　　（3 分）

$\sin C=\sqrt{1-\cos^2 C}=\frac{2\sqrt{2}}{3}$，由正弦定理得

$c=\frac{b\sin C}{\sin B}=8$　　（8 分）

$\sin A=\sin(B+C)=\sin B\cos C+\cos B\sin C$

$=\frac{\sqrt{3}}{2}\times\frac{1}{3}+\frac{1}{2}\times\frac{2\sqrt{2}}{3}=\frac{\sqrt{3}}{6}+\frac{\sqrt{2}}{3}$

故所求 $\triangle ABC$ 的面积为 $S_{\triangle ABC}=\frac{1}{2}bc\sin A=6\sqrt{2}+8\sqrt{3}$.　　（14 分）

23. (本小题14分)

解：由于 $a_n=S_n-S_{n-1}=2S_{n-1}+7\cdot 3^n$，所以 $\frac{S_n}{3^n}-\frac{S_{n-1}}{3^{n-1}}=7$， (4分)

令 $b_n=\frac{S_n}{3^n}$，那么 $\{b_n\}$ 是等差数列，所以

$b_n=b_1+7(n-1)$，由于 $b_1=\frac{5}{3}$， (9分)

所以 $b_n=\frac{5}{3}+7\ (n-1)$，可以推出 $S_n=3^n[\frac{5}{3}+7(n-1)]$，

由 $a_n=2S_{n-1}+7\cdot 3^n$，可得

$a_n=2\cdot 3^{n-1}[\frac{5}{3}+7(n-2)]\ +7\cdot 3^n$. (14分)

24. (本小题14分)

解：(1) 当 $-200\leqslant x\leqslant -199$，那么有 $0\leqslant x+2\cdot(-100)\leqslant 1$，由周期性，可知函数 $f(x)$ 是单调递增的. (5分)

(2) $f(x)=\begin{cases} x & 0\leqslant x\leqslant 1 \\ 2-x & 1\leqslant x<2 \end{cases}$，那么 $-f(x)=\begin{cases} -x & 0\leqslant x\leqslant 1 \\ -2+x & 1\leqslant x<2 \end{cases}$， (8分)

其仍然是周期函数，周期为2，函数为偶函数，

令 $g(x)=-f(x)$，那么 $g(x)=\begin{cases} -x & 0\leqslant x\leqslant 1 \\ -2+x & 1\leqslant x<2 \end{cases}$，根据周期性可得

$g(x)=g(x+2)\ =\begin{cases} x & -1\leqslant x\leqslant 0 \\ -(x+2) & -2\leqslant x<-1 \end{cases}$，那么 $g(x)=g(-x)$，所以可得 $-f(x)$ 是偶函数. (14分)

25. (本小题14分)

解：如图1所示，过 C 作 AB 的平行线，其中 $CG=AB$，连接 G 与 B， (3分)

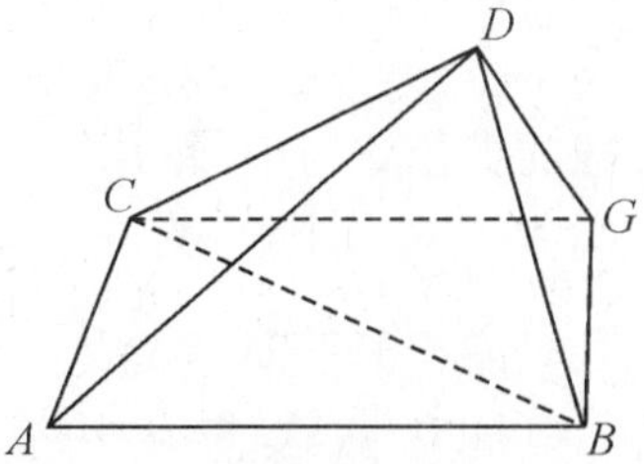

图1

讨论如下：

由于 $AC\perp CD$，$AC\perp CG$，所以 $AC\perp\triangle CGD$，所以 $\angle GCD=60°$.

同时由于 $BG/\!/AC$，所以 $BG\perp\triangle CGD$，

那么 $BG\perp GD$. (8分)

因为 $AC\perp\triangle CGD$，所以 $\angle GCD=60°$，同时 $AB=CD=2$，所以 $\triangle CGD$ 是等边三角形，所以 $DG=2$，另外 $BG=AC=1$，$\triangle BGD$ 是直角三角形，$BG\perp GD$，

所以根据勾股定理可得 $BD=\sqrt{1+4}=\sqrt{5}$. (14分)

26. (选考历史或地理的考生必做) (本小题14分)

解：如图2所示，根据题意，要求该码头受影响的最长时间，如图设

$OC=OC'=700$ km， (3分)

$OB=500$ km，$AB=500\sqrt{3}$ km，那么根据勾股定理，可得

$BC=\sqrt{OC^2-OB^2}=200\sqrt{6}$ km， (8分)

同时 $C'C=400\sqrt{6}$ km，由于热带风暴中心以 20 km/h 的速度匀速向正北方向移动，所以受影响的最长时间是

$\frac{400\sqrt{6}}{20}=20\sqrt{6}$小时. （14 分）

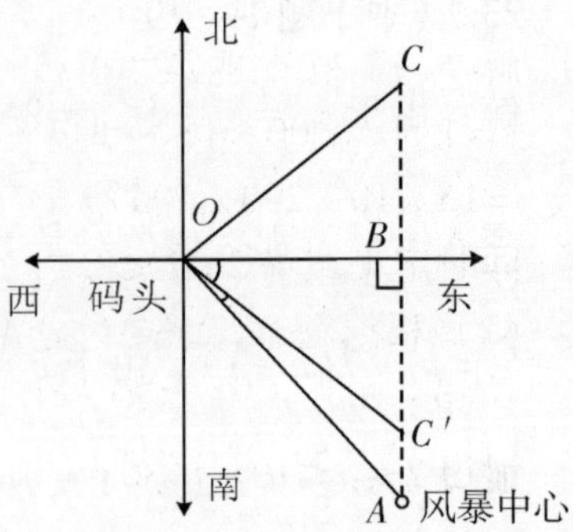

图 2

27. （选考历史或地理的考生必做）（本小题 14 分）

解：如图 3 所示，圆 $x^2+y^2-4x=0$ 可化为 $(x-2)^2+y^2=4$

根据题意，设所求圆心坐标为 (x_0, y_0)，设所求的圆的半径为 $r>0$，那么

$(x-x_0)^2+(y-y_0)^2=r^2$， （3 分）

根据图 3，相外切可得

$$\begin{cases}\sqrt{(x_0-2)^2+y_0^2}=r+2\\ x_0=r\end{cases}$$ （8 分）

所以，可解出轨迹方程是 $\sqrt{(x_0-2)^2+y_0^2}=x_0+2$，化简可得 $y_0^2=8x_0$，

所以轨迹方程是一抛物线. （14 分）

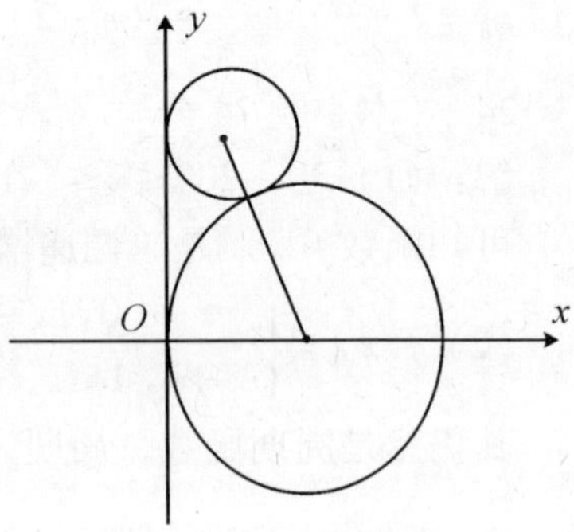

图 3

28. （选考物理、化学或生物的考生必做）（本小题 14 分）

证明：如图 4 所示，由题意 $F(c, 0)$，其中 $c=\sqrt{a^2-b^2}$，设 A 的坐标为 (x_0, y_0)， （2 分）

根据内切圆之间的关系以及点点之间的距离公式，只需验证 AF 的中点 $\left(\frac{x_0+c}{2}, \frac{y_0}{2}\right)$ 与原点之间的距离是大圆的半径 a 与小圆的半径 $\sqrt{\frac{(x_0-c)^2+y_0^2}{4}}$ 之差.

（6 分）

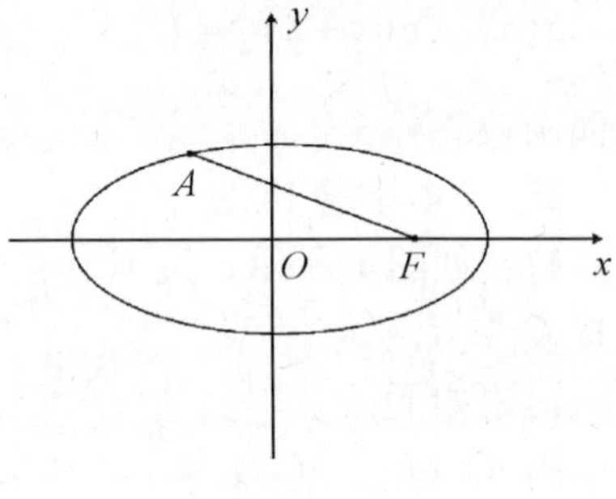

图 4

只需验证下列等式成立即可

$$\sqrt{\frac{(x_0+c)^2+y_0^2}{4}}=a-\sqrt{\frac{(x_0-c)^2+y_0^2}{4}} \quad ①$$

（10 分）

两边平方，可得

$a\sqrt{(x_0-c)^2+y_0^2}=a^2-cx_0$，

再两边平方可得

$x_0^2(a^2-b^2)+a^4=a^2x_0^2+a^2(a^2-b^2)+a^2y_0^2$，

化简可得 $\frac{x_0^2}{a^2}+\frac{y_0^2}{b^2}=1$，由于 A 是椭圆上任意一点，此式成立，同时由于推导过程可逆，所以我们已经验证①，证毕. （14 分）

29. （选考物理、化学或生物的考生必做）（本小题 14 分）

解：（1）按照题意，可得

$y=1\ 500(200\times10^4-10p\times10^4)p\%$

$=15\times10^4(200-10p)p$

同时定义域为 $2\leqslant p\leqslant 8$. （5 分）

（2）根据题意，需要讨论 $15\times10^4(200-10p)p\leqslant 1.05\times10^8$，则 （10 分）

$-(p-10)^2+10^2\leqslant 70$,

解得 $2\leqslant p\leqslant 10-\sqrt{30}$. （14 分）

英 语

Paper One（第一卷）

Part Ⅰ Listening Comprehension（**30 points**）

1. B 2. C 3. C 4. A 5. B 6. A 7. C 8. B 9. D 10. B 11. C 12. D 13. D 14. A 15. A 16. B 17. D 18. A 19. B 20. B

Part Ⅱ Reading Comprehension（**40 points**）

21. A 22. D 23. B 24. C 25. A 26. C 27. B 28. D 29. C 30. A 31. A 32. B 33. B 34. C 35. A 36. A 37. C 38. C 39. B 40. B

Part Ⅲ Vocabulary（**20 points**）

41. B 42. C 43. A 44. B 45. D 46. A 47. D 48. A 49. B 50. A 51. B 52. A 53. D 54. A 55. B 56. B 57. C 58. A 59. B 60. B

Part Ⅳ Grammatical Structure（**10 points**）

61. D 62. A 63. C 64. B 65. A 66. A 67. C 68. A 69. A 70. A

Part Ⅴ Cloze（**20 points**）

71. A 72. C 73. B 74. D 75. C 76. B 77. A 78. D 79. A 80. A 81. C 82. B 83. B 84. D 85. C 86. B 87. D 88. C 89. A 90. B

Paper Two（第二卷）

Part Ⅵ Proof Reading（**10 points**）

91. 21st 92. √ 93. the 94. read 95. ~~as~~ 96. √ 97. health 98. of 99. ~~it~~ 100. makes

Part Ⅶ Composition（**20 points**）

（略）

历 史

一、单项选择题（每题 2 分，共 40 分）

1. A 2. C 3. B 4. D 5. C 6. A 7. B 8. B 9. D 10. A 11. C 12. A 13. C 14. D 15. B 16. B 17. D 18. D 19. A 20. C

二、材料解析题（共 40 分）

21.（12 分）

（1）焚书坑儒（2 分） 李斯（2 分）

（2）焚书坑儒，钳制了思想，摧残了文化，是一场文化浩劫。（3 分）

（3）可围绕儒学自汉代"独尊儒术"后成为主流思想或者秦始皇的功过等内容进行评论。论点正确，言之有据，可得分。（5 分）

22.（14 分）

（1）"一切中国国内的纠纷"主要指国民党与共产党间的矛盾；国民党内蒋介石与地方实力派及其他派系的矛盾。（4 分）"1927 年中断的革命战争"指 1924—1927 年国共合作推动的国民革命（大革命）或北伐战争（2 分）。

（2）抗日战争是一致对外，反抗日本帝国主义的侵略，而 1927 年中断的革命是对内打倒反动军阀，统一全中国；前者是中国各民族、各阶级、各党派抗日民族统一战线的大联合，其广泛程度远大于后者；前者国共合作的形式是党外合作，后者是党内合作。（8 分，答对两点即可得满分）

23.（14 分）

（1）三项指标均有大幅上升。（2 分）原因在于美国直接参加了世界大战，并在战争结束后迅速专项对苏联进行军事遏制。（3 分）

（2）冷战期间在军事方面与苏联的激烈竞赛和紧张对抗。（2 分）60、70 年代是冷战最激烈、最紧张的时期。（3 分）

（3）各项指标均明显下降。（1 分）原因在于苏联解体，东欧剧变，冷战结束，美国一国独霸，失去了对手的竞争威胁和压力。（3 分）

三、简答题（共 40 分）

24.（20 分）

春秋时期 孔丘 《春秋》，是一部编年体史书（5 分）

西汉时期 司马迁 《史记》，是最早的一部纪传体史书（5 分）

东汉时期 班固 《汉书》，是我国最早的一部纪传体断代史（5 分）

北宋时期 司马光 《资治通鉴》，是一部编年体通史（5 分）

注：其他正确答案也可给分。

25.（20 分）

首先，鸦片走私贸易导致中国的白银大量外流，直接威胁到清政府的财政收入和经济稳定。（6 分）

其次，中国民众及官僚贵族吸食鸦片，引发了严重的社会问题；官兵吸食鸦片，削弱了军队的战斗力。(8 分)

最后，鸦片走私中官府与走私犯相勾结，导致吏治更加腐败，官场更加黑暗。(6 分)

26.（20 分)

（1）政治方面，英国通过 17 世纪的内战和革命，确立了君主立宪制。这一方面确保了后来英国政治的稳定，另一方面议会作为代议机构，其权力不断扩大，使得工商业资本家可以通过议会促成政府执行有利于其利益的政策。(6 分)

（2）经济方面，英国通过圈地运动完成了农业方面的革新，既为工商业积累了资金，又从乡村中分离出了无产者，为工业革命准备了廉价的劳动力；（3 分）英国通过积极的海外扩张，获得了大量殖民地，成为英国移民的聚集地、原料的来源地和产品的销售地，特别是跨越不列颠、美洲和非洲的三角贸易，为英国经济的增长和积累提供了良好的条件。(4 分)

（3）国际关系方面，英国不像欧洲大陆其他殖民强国那样深深陷入欧洲大陆的争夺，而是通过维持大陆的均势，避免卷入大陆的冲突，集中力量发展海军，侵略殖民地。(3 分)

（4）其他原因：诸如新教改革改变了人们对财富和高利贷的看法，专利制度促进了人们进行科学探索和技术改良的热情等等。(考生能给出其他原因，并言之成理的，酌情给分，但最高为 4 分。)

四、论述题（共 30 分）

评分标准

得分	评分准则
27 ~ 30	观点明确，内容均衡，引用史料丰富、准确，评论详细深入，意见或评论精辟。
21 ~ 26	立场清晰，内容较为均衡，能略引史实支持论点，援引史实无重大错误，意见或议论较为中肯。
15 ~ 20	有一定的立场，能说出自己的看法，史实及分析能力一般，援引史实有一定错误，意见或评论切题。
7 ~ 14	立场不定，有一定的看法，但史实及分析能力严重不足，援引史实大部分有错漏，意见或议论与题旨有一定关联。
0 ~ 6	答案凌乱，内容贫乏，空洞无物，远离题旨。

地　理

一、填空题（共20分，填对一空得1分）

1. 公　公　自
2. 大　慢
3. 6
4. 200
5. 地中海　温带海洋性　亚寒带针叶林
6. 波斯湾　沙特阿拉伯　伊朗　科威特　伊拉克　阿拉伯联合酋长国
7. 5　9
8. 5　锋面

二、单项选择题（共60分，选对1题得3分）

1. D　2. B　3. D　4. D　5. B　6. B　7. A　8. D　9. C　10. A　11. C　12. D　13. A　14. C　15. D　16. A　17. C　18. A　19. B　20. C

三、判断改正题（共10分，判断对一条得2分，具体为1+1分）

1. ×，世界两大地震带分布在环太平洋和地中海—喜马拉雅山脉。
2. √
3. √
4. ×，美国是世界上最大的商品谷物农业生产国。
5. ×，目前，中国环境污染最主要的原因是：工业生产过程中大量排放的三废。

四、填表与连线题（共40分）

1.（共12分，填对一空得2分）

日期	太阳直射点	北半球昼夜长短情况
春分、秋分	赤道上	昼夜等长
夏至	北回归线上	纬度越高，白昼越长
冬至	南回归线上	纬度越高，白昼越短

2.（共12分，画对一线得2分）

①F　②C　③A　④B　⑤D　⑥E

3.（共 16 分，第一、三、四空 4 分，其他每空 2 分）

气候类型	主要特征
地中海气候	夏季炎热少雨，冬季暖湿多雨
温带季风气候	夏季暖热多雨，冬季寒冷干燥
温带大陆性气候	冬冷夏热，干旱少雨
温带海洋性气候	冬暖夏凉，气候湿润
热带雨林气候	终年高温多雨，全年皆夏

五、读图分析题（共 20 分，每小题 10 分）

1.（第三空 3 分，其他每空 1 分）

（1）①北回归线　②南极圈

（2）③160° E　④20° W

（3）⑤北温　⑥热

（4）发达　发展中

2.（第五空 2 分，其他每空 1 分）

（1）热　非　30

（2）高　纬度比 B 处低　低　地势比 D 处高

（3）40　陆地

物　理

一、选择题（60 分）

1. B　2. D　3. B　4. A　5. C　6. B　7. D　8. C　9. C　10. A　11. D　12. B　13. B　14. A　15. B

二、填空题（30 分，每空 3 分）

16. 同频率、同相位、同振动方向（相干光源）

17. $\sqrt{2}:\sqrt{3}$（或者$\sqrt{6}:3$）

18. ${}_0^1\mathrm{n}$（或者中子）（写出${}_0^1\mathrm{x}$ 均给分）　释放

19. 20

20. （1）300　（2）200　（3）280

21. $2g$　0

三、计算题（60 分。其中第 25 ~28 题选做两题）

22. 解：假设小球的质量为 m，初速度大小为 v_0，则小球的初动能为

$$E_{k_0}=\frac{1}{2}mv_0^2=12\ \mathrm{J}$$

小球落到斜面上时所产生的水平方向上和竖直方向上的位移分别为

$s=v_0t$

抛点距落点的高度　$h=\frac{1}{2}gt^2$　（6 分）

由于斜面倾角为 45°，所以 $s=h$，则 $t=\frac{2v_0}{g}$，$h=\frac{2v_0^2}{g}$

由动能定理，有 $mgh=E_k-E_{k_0}$　（4 分）

则小球落到斜面上时的动能为

$E_k=mgh+E_{k_0}=\frac{5}{2}mv_0^2=60\ \mathrm{J}$　（2 分）

23. 解：（1）不能（2 分）

（2）微粒受到的洛伦兹力与重力不在一条线上，$F_{洛}\perp v$，所以带电粒子做曲线运动　（4 分）

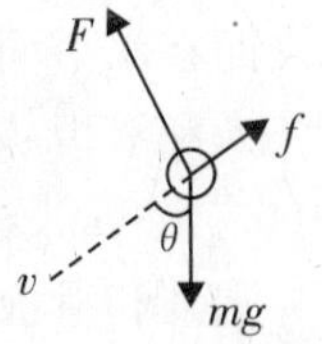

$G=mg$　（1 分）

$F=Bqv$　（1 分）

$v=\sqrt{m^2g^2-f^2}$　　$\theta=\arccos\frac{f}{mg}$　（4 分）

24. 解：（1）气体被缓慢加热，所以在膨胀过程中压强保持 p_0 不变，其对外界做功为

$W=p_0\Delta V=1.0\times10^5\times3.0\times10^{-3}\mathrm{J}=300\ \mathrm{J}$　（4 分）

（2）由热力学第一定律

$Q = W + \Delta U$

得气体内能的该变量为

$\Delta U = Q - W =（420 - 300）\text{J} = 120\ \text{J}$ （6分）

该值大于零，所以气体的内能增加了。（2分）

25. 解：（1）加速度减小的加速运动。（4分，只答加速运动给2分）

（2）电流稳定后，导体棒做匀速运动

$BIL = mg$ ①

解得 $B = \frac{mg}{IL}$ ② （3分）

感应电动势 $E = BLv$ ③

感应电流 $I = \frac{E}{R}$ ④

由②③④式解得 $v = \frac{I^2 R}{mg}$ （2分）

（3）$h = \frac{I^4 R^2}{2m^2 g^3}$ （3分）

26. 解：首先计算长和宽的放大倍数，取较小的那一个。

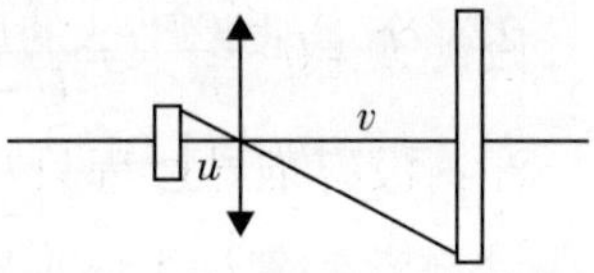

$\frac{2.5 \times 100}{10} = 25$，$\frac{2 \times 100}{5} = 40$，放大倍数为25。

从右图中可以看出，$v = 25u$ （6分）

联立 $\frac{1}{u} + \frac{1}{v} = \frac{1}{f}$ 可得

$u = \frac{26}{25} f = 2.6\ \text{m}$ （6分）

27. 解：（1）在斜坡上下滑时，由牛顿第二定律得

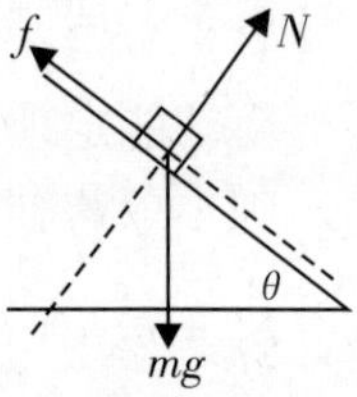

$mg\sin\theta - f = ma$

$N - mg\cos\theta = 0$

另外 $f = \mu N$

联立上述各式，解得 $a = g\sin\theta - \mu g\cos\theta = 2\ \text{m/s}^2$ （4分）

（2）由第（1）问，在斜面 AB 上的摩擦力为 $f = \mu mg\cos\theta$

而在水平面 BC 上的摩擦力为 $f' = \mu mg$

人和滑板从 A 点到 C 点的过程中，由动能定理，得

$mgh - \mu mg s_{AB}\cos\theta - \mu mgs = 0$

则人和滑板在 BC 面上滑行的位移为

$s = \frac{h}{\mu} - s_{AB}\cos\theta = \frac{h}{\mu} - \frac{h}{\sin\theta}\cos\theta = h\left(\frac{1}{\mu} - \cot\theta\right) = 20\ \text{m}$ （4分）

（3）人和滑板滑到 C 点之前应能停下来，则由第（2）问知

$h - \mu s_{AB}\cos\theta - \mu s = 0$

按题目条件

$L = s_{AB}\cos\theta + s_{BC} = 50\ \text{m}$

所以，为确保人身安全，必须使 $s \leqslant s_{BC}$，则斜坡的高度

$h = \mu(s_{AB}\cos\theta + s) \leqslant \mu(s_{AB}\cos\theta + s_{BC}) = 25\ \text{m}$

即斜坡的高度不得高于 25 m （4 分）

28. 解：（1）图略 （3 分）

（2）0 （2 分）

（3）$\dfrac{UU_2}{U - U_1}$ （2 分）

设电源的电动势和内阻分别为 E 和 r，两个电压表的内阻分别为 R_1 和 R_2，则开关 S_1 闭合、S_2 断开时，两电压表串联接入电路，所以有

$U_1 = \dfrac{R_1}{R_1 + R_2 + r}E$，$U_2 = \dfrac{R_2}{R_1 + R_2 + r}E$

两开关都闭合时，有 $U = \dfrac{R_1}{R_1 + r}E$

故$\dfrac{U}{U_1} = 1 + \dfrac{R_2}{R_1 + r} = 1 + \dfrac{U_2}{U_1}\dfrac{R_1}{R_1 + r}$，所以得$\dfrac{R_1 + r}{R_1} = \dfrac{U_2}{U - U_1}$

因此 $E = U\dfrac{R_1 + r}{R_1} = \dfrac{UU_2}{U - U_1}$ （5 分）

注：没有推导过程只写出结果的只给 2 分。

化 学

一、选择题（每题3分，共60分）

1. D 2. C 3. D 4. A 5. B 6. D 7. C 8. B 9. B 10. B 11. A 12. C 13. C 14. D 15. C 16. B 17. C 18. A 19. C 20. D

二、填空题（每空1分，共15分）

1. $2N_2$　mAl^{3+}　$Fe_2(SO_4)_3$　O_2　Ba^{2+}　Cl^-

2. 氢气　一氧化碳　二氧化碳　氧气　氢气　二氧化碳　一氧化碳

3. b　d（或a　c）

三、问答题（共45分）

1.（本题8分）

（1）第二周期第ⅦA族

（2）S 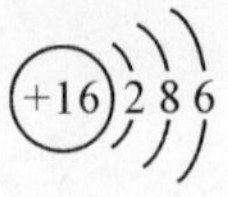

（3）$HF > H_2S$

（4）$NH_3 + HNO_3 \xlongequal{} NH_4NO_3$

2.（本题10分）

（1）尽管加热能促进碳酸钾水解，但生成的碳酸氢钾和氢氧化钾反应后仍为碳酸钾。

（2）碳酸氢钡在溶液中受热分解。

（3）亚硫酸钠在蒸干的过程中不断被空气中的氧气氧化而变成硫酸钠。

（4）铝离子水解，HCl挥发，得到氢氧化铝，氢氧化铝受热分解为氧化铝。

（5）HCl易挥发，硫酸难挥发，所以HCl挥发后剩余的为硫酸溶液。

3.（本题8分）

（1）BADC

（2）干燥CO气体（或吸收水蒸气）

（3）$3CO + Fe_2O_3 \xlongequal{高温} 2Fe + 3CO_2$

（4）用酒精灯点燃尾气（或用气球、集气瓶收集尾气）

4.（本题19分）

（1）b、c

（2）b、c

（3）e、f、h

（4）g、h

（5）g

（6）b、c、d

（7）i

（8）e、h

（9）e

（10）f、h

四、计算题（任选 2 题，每题 15 分，共 30 分）

1. 解：

（1）$2Cu + 2H_2SO_4 + O_2 \xlongequal{\triangle} 2CuSO_4 + 2H_2O$ （5 分）

（2）$100\ mL \times 1.8\ g/cm^3 \times 98\% = 176.4\ g$ （2 分）

$\frac{176.4\ g}{0.12} - 180\ g = 1\ 290\ g$ （3 分）

（3）解法一：$64 + 16 + 98 \div 12\% = 896.7\ g$ （5 分）

解法二：$160 + 18 + 98 \div 12\% - 98 = 896.7\ g$ （5 分）

答：略。

2. 解：

（1）$\frac{\frac{28\ g}{28\ g/mol}}{4\ L} - 5\ s \times 0.02\ mol/(L \cdot s) = 0.15\ mol/L$ （5 分）

（2）$\frac{\frac{18\ g}{18\ g/mol}}{4\ L} - 5\ s \times 0.02\ mol/(L \cdot s) = 0.15\ mol/L$ （5 分）

（3）$5\ s \times 0.02\ mol/(L \cdot s) \times 4\ L \times 44\ g/mol = 17.6\ g$ （5 分）

答：略。

3. 解：

（1）$2Cu^{2+} + 2H_2O \xlongequal{电解} 2Cu + O_2\uparrow + 4H^+$ （5 分）

（2）$n(Cu) = 0.064\ g \div 64\ g/mol = 0.001\ mol$

$c(H^+) = \frac{4\ mol \times 0.001\ mol}{2\ mol \times 0.5\ L} = 4.0 \times 10^{-3}\ mol/L$ （10 分）

答：略。

生 物

一、选择题（每小题2分，共60分）

1. C 2. C 3. C 4. A 5. C 6. D 7. B 8. A 9. C 10. A 11. B 12. D 13. C 14. D 15. A 16. B 17. D 18. D 19. D 20. D 21. C 22. B 23. B 24. C 25. A 26. D 27. C 28. D 29. A 30. B

二、判断题（每小题2分，共20分）

1. F 2. F 3. T 4. T 5. T 6. F 7. T 8. F 9. T 10. T

三、（共70分）

1. (8分，每空1分)

营养物质 / 消化器官	葡萄糖	氨基酸	水	甘油	维生素
大肠			√		√
小肠	√	√	√	√	√
口腔					
胃			√		

2. (8分)

(1) 后 4 (2分)

(2) 2 后 8 (3分)

(3) C (3分)

3. (12分)

(1) 因为子一代纯黑色小猎犬与基因型为bbss的小猎犬交配后所生的子二代猎犬全部为纯黑色，且获得其他毛色子二代的概率为零，所以子一代纯黑色小猎犬的基因型为BBSS。(3分) 又因为子一代两只红色带白斑小猎犬的基因型为bbss，(3分) 所以亲代基因型必定是BbSs × BbSs。(2分)

(2) 毛色为红色带白斑的概率为1/16。(2分)

(3) 两只都是纯黑色的概率是 $(9/16)^2 = 81/256$。(2分)

4. (10分，每空1分)

(1) 5

(2) 3 一 二 C

(3) 捕食 竞争

(4) A→D→G

(5) 生态系统 分解者

5.（10分，每空1分）

（1）13　细胞核

（2）9　线粒体

（3）11　核糖体　3　高尔基体

（4）12　中心体

6.（12分，每空1分）

（1）碱基　磷酸

（2）脱氧核糖　脱氧核苷酸

（3）核糖　核糖核苷酸

（4）mRNA　tRNA　rRNA　携带遗传信息来决定蛋白质的合成序列　运输氨基酸　核糖体的组成成分

7.（10分）

（1）化学能　ATP　暗反应（3分）

（2）H_2O　CO_2（2分）

（3）丙酮或乙醇（1分）

（4）CO_2（1分）

（5）B（3分）

2011 年中华人民共和国普通高等学校联合招收华侨、港澳地区、台湾省学生入学考试题目答案

语 文

第一部分（54 分，每小题 3 分）

一、语文基础知识（30 分）

1. A 2. D 3. A 4. C 5. B 6. C 7. A 8. B 9. B 10. D

二、白话文阅读（一）（12 分）

11. D 12. A 13. C 14. C

三、文言文阅读（12 分）

15. A 16. B 17. B 18. C

第二部分（96 分）

四、文言文翻译、默写（13 分）

19.（10 分）

（1）（5 分）

哪里只是为了一州而已，要让天下的人把他作为模范，你们也应当学习啊。

（译出大意只给 2 分；“当”、“模范”、“师学” 三处，每译对一处给 1 分。）

（2）（5 分）

不久，适逢国子博士何妥上奏说房恭懿是尉迥的同党，不应当提升官职。

（译出大意给 2 分；“未几”、“会”、“仕进” 三处，每译对一处给 1 分。）

20.（3 分）

（1）可以攻玉（或“可以为错”）

（2）好之者不如乐之者

（3）得失寸心知

（每答对一小题，给 1 分；如有错别字，该小题不给分。）

五、白话文阅读（二）（23 分）

21.（6 分）

少年时的感受：只会背诵而不知其意。

青年时的感受：自以为已经读懂，认为自己有了一种超脱世俗的心态，其实不过是

"'为赋新诗强说愁'的浮雕和顺延"。

中年时的感受：才真正悟出人生的哲理。

(每答出一点给2分。意思答对即可。)

22.（4分）

①对"腰缠万贯、飞黄腾达的小人"的厌恶和不屑。②小人的得逞是短暂的。

(每答出一点给2分。意思答对即可。)

23.（5分）

①借爱因斯坦来衬托王维的人品和学识。②赞扬王维的坦诚、执著、自识。

(答出①给3分，答出②给2分。意思答对即可。)

24.（8分）

作者①借明月和清泉，②寄托了自己对高远的人生境界的追求。

(每答出一点给4分。意思答对即可。)

六、写作（60分）

25.（60分）评分标准

等级分数	一等（51～60）	二等（41～50）	三等（21～40）	四等（0～20）
项目	切合题意 中心突出 内容充实 感情真挚 结构严谨 语言流畅 字迹美观 符合文体要求	符合题意 中心明确 内容较充实 感情真实 结构完整 语言通顺 字迹工整 符合文体要求	基本符合题意 中心基本明确 内容单薄 感情基本真实 结构基本完整 语言基本通顺 字迹清楚 基本符合文体要求	偏离题意 中心不明 内容不当 感情虚假 结构混乱 语言不通顺、语病多 字迹潦草难辨 不符合文体要求

说明：

①评分以题意、内容、语言、文体为重点，全面衡量。符合文体要求，指符合考生根据题意和内容自选的文体的要求。

②缺题目扣1分；每3个错别字扣1分，重复的不计；不足字数的，每少50个字扣1分。

③确认为抄袭的作文，在四等之内评分。

数 学

一、选择题

1. D 2. B 3. A 4. C 5. D 6. A 7. D 8. C 9. D 10. C 11. A 12. B

二、填空题

13. 0 或$\frac{1}{4}$ 14. ①③ 15. $\sqrt{2}$ 16. $8x+5y+7z-28=0$ 17. $2x-1$ 18. $\frac{21}{64}$

三、解答题

19. 解：（Ⅰ）当$x\in(-\infty,-2)$时，$|2x-3|=3-2x$，$|x+2|=-x-2$，$f(x)=1-3x$；

当$x\in[-2,\frac{3}{2})$时，$|2x-3|=3-2x$，$|x+2|=x+2$，$f(x)=5-x$；

当$x\in[\frac{3}{2},+\infty)$时，$|2x-3|=2x-3$，$|x+2|=x+2$，$f(x)=3x-1$．（4 分）

所以 $f(x)=\begin{cases}1-3x, & x<-2,\\ 5-x, & -2\leqslant x<\frac{3}{2},\\ 3x-1, & x\geqslant\frac{3}{2}.\end{cases}$

故$f(x)$的最小值为$\frac{7}{2}$．（8 分）

（Ⅱ）当$x\in(-\infty,-2)$时，$f(x)=1-3x$，此时$f(x)>7$；

当$x\in[-2,\frac{3}{2})$时，$f(x)=5-x$，$f(x)<5\Leftrightarrow x>0$；

当$x\in[\frac{3}{2},+\infty)$时，$f(x)=3x-1$，$f(x)<5\Leftrightarrow x<2$．

综上，$f(x)<5\Leftrightarrow 0<x<2$．（15 分）

20. 解：（Ⅰ）$1+\cos C=1-\cos(A+B)=1+\sin A\sin B-\cos A\cos B$．（2 分）

$1+\cos C-\sin A-\sin B=(1-\sin A)(1-\sin B)-\cos A\cos B$．（4 分）

因A、B都是锐角，$\cos A$、$\cos B$均大于零，且

$\cos A>1-\sin A$，$\cos B>1-\sin B$，

所以

$1+\cos C-\sin A-\sin B<0$，

$\sin A+\sin B>1+\cos C$．（7 分）

（Ⅱ）由（Ⅰ）知，$\sin A+\sin B>1+\cos C$，所以

$\sin A+\sin B+\sin C>1+\cos C+\sin C>2$．（9 分）

为证明 $\sin A+\sin B+\sin C\leqslant\frac{3\sqrt{3}}{2}$，不妨设 $C\geqslant\frac{\pi}{3}$.

由于 $\sin A+\sin B=2\sin\frac{A+B}{2}\cos\frac{A-B}{2}\leqslant 2\cos\frac{C}{2}$，所以

$\sin A+\sin B+\sin C\leqslant\sin C+2\cos\frac{C}{2}$.

$$\sin C+2\cos\frac{C}{2}=\sin\left[\frac{\pi}{3}+\left(C-\frac{\pi}{3}\right)\right]+2\cos\left[\frac{\pi}{6}+\left(\frac{C}{2}-\frac{\pi}{6}\right)\right]$$

$$=\frac{\sqrt{3}}{2}\left[\cos\left(C-\frac{\pi}{3}\right)+2\cos\left(\frac{C}{2}-\frac{\pi}{6}\right)\right]+\frac{1}{2}\left[\sin\left(C-\frac{\pi}{3}\right)-2\sin\left(\frac{C}{2}-\frac{\pi}{6}\right)\right].$$

注意到 $\cos\left(C-\frac{\pi}{3}\right)+2\cos\left(\frac{C}{2}-\frac{\pi}{6}\right)\leqslant 3$，

$\sin\left(C-\frac{\pi}{3}\right)-2\sin\left(\frac{C}{2}-\frac{\pi}{6}\right)\leqslant 0$，因此

$\sin C+2\cos\frac{C}{2}\leqslant\frac{3\sqrt{3}}{2}$，

所以 $\sin A+\sin B+\sin C\leqslant\frac{3\sqrt{3}}{2}$. （15 分）

21. 解：设 l 与抛物线的两交点坐标分别为 $A\ (x_A,\ y_A)$，$B\ (x_B,\ y_B)$，且 $x_A<x_B$.

（Ⅰ）当 $k=1$ 时，直线 l：$y=x+1$ 代入抛物线方程，得 $\frac{x^2}{4}=x+1$，则

$x_A=2(1-\sqrt{2})$，$x_B=2(1+\sqrt{2})$.

过 A 与 B 的抛物线的两条切线方程分别为

l_A：$y-y_A=\frac{x_A}{2}(x-x_A)$，$l_B$：$y-y_B=\frac{x_B}{2}(x-x_B)$， （4 分）

联立解得 $x=2$，$y=-1$，P 点坐标为（2，-1） （8 分）

（Ⅱ）将 l 与 C 的方程联立，解得

$x_A=2(k-\sqrt{k^2+1})$，$x_B=2\ (k+\sqrt{k^2+1})$. （10 分）

将（Ⅰ）中两切线方程联立，解得 $x=2k$，$y=-1$ （13 分）

点 P 的轨迹为直线 l_p：$y=-1$. （15 分）

22. 解：（Ⅰ）由题设，$a_1=1$.

$a_2=S_1+1=a_1+1=2$；

$a_3=S_2+2=a_1+a_2+2=5$. （4 分）

（Ⅱ）由题设条件 $a_{n+1}-S_n=n$ 得 $S_{n+1}-2S_n=n$， （6 分）

所以 $S_{n+1}+n+2=2S_n+2n+2$，

即 $b_{n+1}=2b_n$，而 $b_1=3$，

故 $\{b_n\}$ 是首项为 3、公比为 2 的等比数列. （9 分）

（Ⅲ）$a_1=1$，

$a_{n+1}=S_n+n$

$=b_n-1$

$=3\cdot 2^{n-1}-1.$ （12 分）

$\{a_n\}$ 的通项公式是

$$a_n=\begin{cases}1, & n=1\\ 3\cdot 2^{n-2}-1, & n>1\end{cases}.$$ （15 分）

英　语

第一卷

Ⅰ. 听力

1. A　2. D　3. B　4. C　5. B　6. A　7. C　8. A　9. D　10. A　11. C
12. A　13. D　14. B　15. B　16. D　17. C　18. B　19. D　20. D

Ⅱ. 英语运用

21. A　22. B　23. B　24. D　25. C　26. A　27. D　28. A　29. B　30. C
31. D　32. C　33. A　34. D　35. C　36. D　37. A　38. B　39. A　40. B
41. D　42. C　43. A　44. B　45. C　46. A　47. C　48. C　49. D　50. B
51. A　52. D　53. C　54. D　55. A

Ⅲ. 阅读理解

56. B　57. B　58. D　59. D　60. C　61. A　62. D　63. A　64. B　65. D
66. D　67. C　68. C　69. B　70. A　71. A　72. C　73. B　74. D　75. D

第二卷

Ⅳ. 短文改错

There may be a variety of explanations on the causes of	76.	of/for
car accidents, ∧ some reasons are the most important.	77.	but
Problems within the drivers may be a major cause, for more	78.	with
than half of the car accidents are caused by overspeed.	79.	√
Other problem such as overloading, not stopping at the red	80.	problems
light, also cause traffic accidents. It is reasonably to say that	81.	reasonable
drivers should be mainly blamed for the car accidents.	82.	~~the~~
Pedestrians' mistakes are the second causes. They pay no	83.	cause
attention to traffic rules or traffic signs, who are the most	84.	which
common reasons find in the pedestrians-related accidents.	85.	found
The third major reason was the lack of traffic facilities, and	86.	is
the poor designing of roads and streets that can be	87.	design
found in much cities, suburbs, and the countryside. And	88.	many
these are serious problems that leads to traffic accidents. We	89.	lead
have to take acts to deal with all these problems, if we want	90.	action
to reduce car accidents.		

Ⅴ. 书面表达

一、评分原则

（1）本题总分为 20 分，按 5 个档次给分。

（2）评分时，先根据文章的内容和语言初步确定其所属档次，然后以该档次的要求来衡量，确定或调整档次，最后给分。词数少于 80 或多于 120 个，扣 1 分。

二、各档次的给分范围和要求

第五档：（17 ~ 20 分）能写明全部或绝大部分要点；语言基本无误；行文连贯，表达清楚。

第四档：（13 ~ 16 分）能写明全部或绝大部分要点；语言有少量错误；行文基本连贯，表达基本清楚。

第三档：（8 ~ 12 分）能写出基本要点；语言虽有较多错误，尚能达意。

第二档：（4 ~ 7 分）能写出部分要点；语言错误多，影响意思表达。

第一档：（0 ~ 3 分）白卷，或文不对题，或错误百出，不知所云。

A possible student text:

A letter of job application

Dear Sir/Madam,

I am a high-school graduate from Tianjin. I have the whole summer free before I go to college. I am writing to apply for the job of English tour guide for the summer. I saw your advertisement in the newspaper and I think I meet your requirements. I speak English fluently and have worked as a tour guide for visitors to our school. Besides, I like traveling very much and have been to many places in the country, including your place. As a matter of fact, I am very familiar with your place because I visited it many times. I think I know what tourists are usually interested in, so I can do the job of a tour guide well. Thank you for consideration.

Sincerely yours,

Li Hua

历　史

一、选择题

1. B　2. C　3. A　4. B　5. D　6. C　7. B　8. A　9. A　10. D　11. A　12. D　13. A　14. C　15. B　16. C　17. A　18. B　19. D　20. C

二、材料解析题

21. 答案要点：

（1）婚姻讲求门第（门第婚），婚姻由长辈决定，男女不平等。（9分）

（2）随性自然，不矫揉造作。（6分）

22. 答案要点：

（1）中俄《瑷珲条约》、《天津条约》（1856年）；中俄《北京条约》（1860年）等。（6分）

（2）表达了废除不平等条约的愿望，尊重并愿意恢复中国主权；与列强在巴黎和会上所作所为形成鲜明对照。（9分）

三、问答题

23. 答案要点：

尊重民族宗教习惯，加以管理。明朝在西藏实施由朝廷任免的僧官制度；清代册封达赖、班禅，实施“金瓶掣签”制度。（12分）

坚决平定分裂势力（清朝平定“三藩之乱”）。（6分）

健全管理机构，设置驻藏大臣；大规模推行“改土归流”，由中央任命的官员治理，代替少数民族首领的世袭制。（12分）

24. 答案要点：

内容：都主张废除封建土地所有制，构建理想社会。太平天国主张以户为单位，按人口和年龄平均分配土地；同盟会主张土地国有，平均地权。（12分）

性质：都具有反封建性质。太平天国反映了农民阶级的利益；同盟会表达了资产阶级的利益和要求。（8分）

思想渊源：都受到传统大同思想的影响，也都受西方文化的影响。太平天国接受了基督教中的平等思想，同盟会汲取了西方近代民主主义思想。（10分）

25. 答案要点：

内容：强调人的“尊贵”，提升人的地位，肯定人的价值；肯定人的欲望和世俗生活的价值；推崇人的经验和理性，提倡探索进取的精神。（18分）

影响：确立了个人主义伦理观，打破了禁欲主义，动摇了基督教神学对人性的束缚；推动了文学艺术的创新和繁荣；促进了对古典文化的研究和人文教育的发展；激励了人们对自然的研究和探索。（12分）

地　理

一、选择题（共60分，每小题3分）

1. C　2. C　3. C　4. A　5. B　6. D　7. A　8. B　9. C　10. B　11. B　12. A　13. C　14. D　15. A　16. D　17. B　18. D　19. D　20. B

二、填充题（共20分，每空格1分）

21. 越南　老挝　缅甸　印度　不丹

22. 大西　好望　印度　马六甲　南

23. 宁夏　广西　内蒙古　西藏　新疆维吾尔（后3个答案不限顺序）

24. 东京　纽约　伦敦　法兰克福　大开曼（乔治敦）

三、读图、填图题（共40分，每填对一处得2分）

25. 红　亚丁　印度　索马里　阿拉伯

26. 福州　厦门　武夷　台湾　澎湖

27. 热带沙漠　热带草原　亚热带季风　地中海　温带海洋性

28. 渤　渤海　黄　大连　辽东

四、综合题（共30分）

29.（1）天津（塘沽新）港，天津市；内海、水浅风浪较小、易淤积。（5分）

（2）水产捕捞、滨海及海洋旅游等。（4分）

（3）环境保护、航道疏浚、防海潮侵袭等。（6分）

30. 常年处于西风带，东侧临大西洋，盛行离岸风，水汽不易进入（7分）；西侧临太平洋，安第斯山脉阻挡了西风，高原处于安第斯山背风一侧（雨影区），故常年干旱。（8分）

物　理

一、选择题（每小题 4 分，共 52 分。答错或不答的，都给 0 分）

1. D　2. B　3. D　4. C　5. C　6. D　7. D　8. C　9. A　10. A　11. C　12. B　13. A

二、实验题（共 24 分）

14. ①水平（2 分）　②D 左端至 A 的距离 l_1（3 分）　③E 右端至 C 的距离 l_2（3 分）　④$m_1\dfrac{l_1}{t_1}=m_2\dfrac{l_2}{t_2}$（2 分）

15. ①R_1 和 R_2（4 分）　②R_2（3 分）　③保持不变（3 分）　④$\dfrac{U_1}{I_1}-\dfrac{U_2}{I_2}$（4 分）

三、计算题（共 74 分）

16. 作入射到 P 点的光线的折射光线 PD 交 BC 侧面于 D 点。设光线在 AC 面上的入射角为 θ 时，折射角 $\angle DPE=\beta$，在 BC 面上的入射角 $\angle PDE=\gamma$。由折射定律有

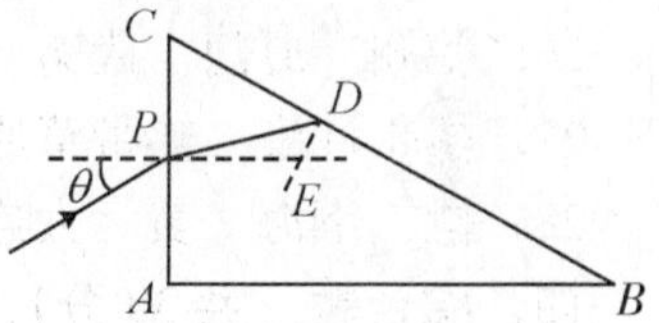

$\sin\theta=n\sin\beta$　①

$n\sin\gamma=1$　②

式中，n 是玻璃棱柱的折射率。由几何关系得

$\alpha=\beta+\gamma$　③

式中，$\alpha=\angle ACB$。由已知条件 $\alpha=\pi/3$，$\theta=\pi/6$，联立①②③式得

$n=\sqrt{\dfrac{7}{3}}$　④

评分参考：本题 16 分。①②③④式各 4 分。

17. 粒子在匀强磁场中做匀速圆周运动。设粒子自 D 点飞出磁场，圆弧$\overset{\frown}{AD}$对应的圆心角为 θ；粒子射出磁场时速度的 x 分量和 y 分量分别为 v_x、v_y。粒子进入电场后，在 x 方向做匀减速运动，在 y 方向做匀速运动。设经 t 秒后到达 G 点，此时在 x、y 方向上的位移分别为 Δx、Δy。依题意有

$\Delta x=\dfrac{v_x}{2}t$　①

$\Delta y=v_yt$　②

由题给条件

$\dfrac{\Delta x}{\Delta y}=\dfrac{\sqrt{3}}{2}$　③

联立①②③式可得

$\dfrac{v_x}{v_y}=\sqrt{3}$　④

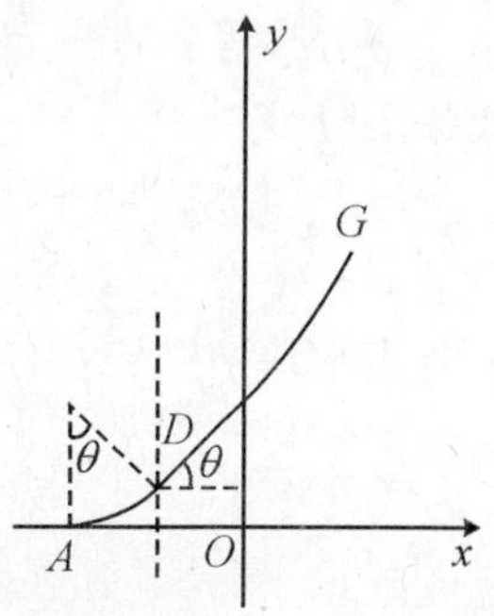

由几何关系可得

$\theta = \frac{\pi}{6}$ ⑤

$r\sin\theta = 0.010\ \text{m}$ ⑥

式中，r 为粒子在匀强磁场中做圆周运动的半径。设磁感应强度大小为 B，有

$r = \frac{mv_0}{qB}$ ⑦

联立⑤⑥⑦式，利用题给条件，可得

$B = 1.0\ \text{T}$ ⑧

评分参考：本题 18 分。①②式各 3 分，④⑤⑥式各 2 分，⑦⑧式各 3 分。

18. 气体首先由状态 1（P_1，V_1，T_1）绝热自由膨胀到状态 2（P_2，$V_2 = 18\ \text{L}$，T_2）。气体内能不变，温度不变

$T_1 = T_2$ ①

由状态方程有

$P_2V_2 = nRT_2$ ②

再经电阻加热过程中，气体由状态 2（P_2，$V_2 = 18\ \text{L}$，T_2）等压膨胀到状态 3（P_3，V_3，T_3）.

由状态方程有

$P_3V_3 = nRT_3$ ③

且　$P_2 = P_3$ ④

在此过程中，气体对外做的功为

$W = P_2(V_3 - V_2)$ ⑤

气体内能的增加为

$\Delta E = \frac{7nR}{2}(T_3 - T_2)$ ⑥

气体吸收的热量为

$Q = \Delta E + W$ ⑦

联立以上各式并利用题设条件得

$W = \frac{14}{9}nRT_1 = 3.9 \times 10^3\ \text{J}$ ⑧

$V_3 = 46\ \text{L}$ ⑨

评分参考：本题 20 分。①②③④式各 2 分，⑤式 3 分，⑥式 2 分，⑦式 3 分，⑧⑨式各 2 分。

19. (1) 设题中所指的“一初速度”为 v_0，按照题设条件，对物块 B 有

$v_0^2 = 2(\mu g)(4d)$ ①

当木块被销钉挡住时，对子弹 A 有

$fd = \frac{1}{2}mv_0^2$ ②

式中，f 是子弹在木块中运动时所受到的阻力的大小。

拔去销钉后，设子弹射入木块前的速度为 v_1，子弹在木块中做匀减速运动，加速度

a_A 满足

$f = ma_A$ ③

设子弹 A 在木块中的运动时间为 t 时，两者速度均变为 v_2，此时木块移动了 s_1。则

$v_2 = v_1 - a_A t$ ④

$v_1^2 - v_2^2 = 2a_A(s_1 + L)$ ⑤

式中，L 是子弹 A 射入木块的深度。按照题意

$L \leqslant d$ ⑥

木块 B 在从 A 射入至两者速度相同为止的一段时间内，做匀加速运动，设加速度大小为 a_B，由牛顿定律有

$f - F = ma_B$ ⑦

式中，F 是木块所受到的摩擦力，有

$F = \mu(2m)g$ ⑧

按运动学公式有

$v_2 = a_B t$ ⑨

$v_2^2 = 2a_B s_1$ ⑩

联立以上各式得

$v_1 \leqslant 2\sqrt{3\mu g d}$ ⑪

（2）当子弹 A 相对于木块静止后，子弹 A 和木块整个系统做匀减速运动，加速度大小 a 为

$a = \mu g$ ⑫

设木块再移动了 s_2 后停止，则

$v_2^2 = 2as_2$ ⑬

木块 B 在子弹 A 射入后位移为

$s = s_1 + s_2$ ⑭

由①②③④⑨⑩⑪⑫⑬⑭式得

$s \leqslant d$ ⑮

所以，最大位移为 d。

评分参考：本题 20 分。第（1）问 14 分，①②式各 2 分，③至⑩式各 1 分，⑪式 2 分；第（2）问 6 分，⑫⑬式各 2 分，⑭⑮式各 1 分。

化 学

一、选择题（每小题 3 分）

1. A 2. D 3. C 4. A 5. C 6. C 7. A 8. C 9. D 10. D 11. B 12. B 13. D 14. B 15. D 16. A 17. D 18. B

二、

19.（10 分）

（1）$NaHSO_4$　Na_2CO_3　$MgSO_4$　$NaOH$ （4 分）

（2）$2HSO_4^- + CO_3^{2-} = 2SO_4^{2-} + H_2O + CO_2\uparrow$ （2 分）

$CO_3^{2-} + Mg^{2+} = MgCO_3\downarrow$

[或 $3CO_3^{2-} + 2Mg^{2+} + 2H_2O = Mg_2(OH)_2CO_3\downarrow + 2HCO_3^-$] （2 分）

$Mg^{2+} + 2OH^- = Mg(OH)_2\downarrow$ （2 分）

20.（18 分）

检出物质	检验方法	观察到的现象	
	⑥	有白色沉淀生成	3 分
	⑨	固体变蓝色	3 分
	⑤	有白色沉淀生成	3 分
	⑦	显蓝色	3 分
	③	红色褪去	3 分
	②	显红色	3 分

21.（9 分）

（1）HCl　Cl_2　H_2 （3 分）

（2）$MnO_2 + 4HCl(浓) \stackrel{\triangle}{=} MnCl_2 + Cl_2\uparrow + 2H_2O$ （3 分）

（3）$Cl_2 + 2OH^- = Cl^- + ClO^- + H_2O$ （3 分）

22.（18 分）

（1）CH_4　H_2O_2　H_2O　Na_2O_2　Na_2O （10 分）

（2）$2H_2O + 2Na_2O_2 = 4NaOH + O_2\uparrow$ （2 分）

（3）$CO_2 + Na_2O = Na_2CO_3$ （2 分）

（4）H—O—O—H　$Na^+[\times\ddot{\underset{\cdot\cdot}{O}}:\ddot{\underset{\cdot\cdot}{O}}\times]^{2-}Na^+$ （4 分）

23.（21分）

（1）$C_2H_4O_2$　　$H-\overset{\overset{\displaystyle O}{\|}}{C}-H$　　（4分）

（2）$CH_3COOH + NaHCO_3 \xrightarrow{\triangle} CH_3COONa + H_2O + CO_2\uparrow$　　（3分）

（3）$H\overset{\overset{\displaystyle O}{\|}}{C}OCH_3 + NaOH \xrightarrow{\triangle} H\overset{\overset{\displaystyle O}{\|}}{C}ONa + CH_3OH$　　（3分）

水解反应（2分）

甲醇（2分）　　甲酸钠（2分）

（4）$HOCH_2\overset{\overset{\displaystyle O}{\|}}{C}H$　（3分）　　羟基乙醛（2分）

24.（10分）

解：原溶液中 SO_4^{2-} 离子的浓度 $=\frac{a}{52}\times\frac{1\,000}{50}\times\frac{3}{2}$

$c\,(SO_4^{2-}) = (\frac{a}{52}\times\frac{1\,000}{50}\times\frac{3}{2})\times\frac{10}{250}$

$= 2.3\times10^{-2}a\ (mol/L)$

25.（10分）

解：混合溶液中加入 $BaCl_2$ 溶液后得到的沉淀为 $BaSO_4$ 和 $BaCO_3$。

沉淀中 $BaCO_3$ 物质的量（10 mL 混合溶液中 Na_2CO_3 物质的量）为

$0.224\ L \div 22.4\ L/mol = 0.01\ mol$

所以溶液中 Na_2CO_3 物质的量浓度为 $\dfrac{\frac{0.01\ mol}{10\ mL}}{1\,000\ mL/L} = 1\ mol/L$

沉淀中 $BaSO_4$ 的物质的量为

$(4.3\ g - 197\ g/mol\times0.01\ mol)\div233\ g/mol = 0.01\ mol$

所以混合溶液中 Na_2SO_4 的物质的量浓度为

$\dfrac{\frac{0.01\ mol}{10\ mL}}{1\,000\ mL/L} = 1\ mol/L$

2011 年两校联招、全国联招试题比较分析

语　文

暨南大学华文学院预科部文史教研室

2011 年两校联招和全国联招的语文考试时间都是 150 分钟，试卷满分都是 150 分，从三大方面考查考生的语文能力，即基础知识部分、阅读理解部分（包括文言文和现代文）以及写作部分。两套试卷都依据考纲，具有“稳中有变”的特点。

一、两校联招试卷分析

2011 年两校联招试卷分基础知识、阅读理解、语言文字表达三大部分，具体题型及分值见表 1。

表 1　两校联招语文试题类型与分值分布

试题类型	单项选择题	多项选择题	填空题	判断题	翻译题	简答题	写作	总计
基础知识	7 题 14 分	3 题 6 分	5 题 5 分	5 题 5 分				30 分
文言阅读（一）	2 题 6 分				2 题 6 分	1 题 3 分		15 分
文言阅读（二）	5 题 15 分							15 分
现代文阅读	4 题 8 分			4 题 8 分		2 题 4 分		20 分
语言文字表达						2 题 4 分	66 分	70 分
所占分值	43 分	6 分	5 分	13 分	6 分	11 分	66 分	150 分

（一）基础知识

共 20 小题，分为单选、多选、填空和判断题，满分为 30 分。试题紧扣《考试大纲》的要求，考查的具体知识点如下：

（1）字形辨识，如第 1 小题。

（2）正确使用成语，如第 2 小题。

（3）借助语法、逻辑知识判断病句，语篇衔接，如第 3、4、6 小题。

（4）具体语境下近义词的选择，如第 5 小题。

（5）辨析多义词在具体语境中的含义，如第 9 小题。

（6）修辞手法的考查，如第15小题。

（7）文学常识的考查，如第7、8、10、14、16、17、18小题。

（8）汉字的历史演变，如第19题。

（9）常用应用文文体知识，如第20小题。

（10）默写名句，如第11、12、13小题。

（二）阅读理解

分文言文阅读和现代文阅读两部分。

1．文言文阅读

共10小题，每小题3分，满分30分。分为两篇，兼顾课内和课外。课内文言文选自《信陵君窃符救赵》，考查的知识点如下：

（1）掌握重点文言实词的含义，如第21小题。

（2）辨析多义词在具体语境中的含义，如第22小题。

（3）将课文中的重点语句翻译成规范的现代汉语，如第23、24小题。

（4）能够筛选信息、理解文章内容，如第25小题。

课外文言文是一篇史传类作品，考查的知识点如下：

（1）辨析多义词的含义和用法，如第26、27小题。

（2）辨析古今异义词，如第28小题。

（3）在理解文章内容的基础上作出推论和分析，如第29、30小题。

2．现代文阅读

这篇阅读材料主要讲“唐传奇对后世小说的影响”，重在知识的传递。共20分，包括单选4小题，判断4小题，简答2小题。考查的知识点主要集中在：

（1）归纳概括文章内容，拟定标题，如第31小题。

（2）筛选和整合文章信息，作出正确的推论和评判，如第32、33、34、35③④、36①②小题。

（3）梳理文章内容，理顺其布局谋篇，如第35①②小题。

（三）语言文字表达

共70分，分3题考查：第37题，4分，考查按要求组词成句；第38题应用文写作，6分，以端午节为内容拟一条手机短信，字数在50字左右；第39题作文，60分，与往年一样，采用二选一的形式，题目一“假如明天来临”属于命题作文。题目二是材料作文，材料是“日本地震引发核危机后中国出现的抢盐潮”，属于热点问题。两个题目的要求都是“除诗歌外，文体不限。文言文字数不少于400字，白话文不少于700字”。

二、全国联招试卷分析

2011年全国联招试卷分为选择题和非选择题两大部分，主要考查基础知识、白话文阅读、文言文阅读、写作四大部分内容，具体题型和分值见表2。

表2　全国联招语文试题类型及分值分布

试题类型	单选题	填空题	翻译题	简答题	写作	总计
基础知识	10题30分	3题3分				33分
白话文阅读（一）	4题12分					12分
文言文阅读	4题12分		2题10分			22分
白话文阅读（二）				4题23分		23分
写作					1题60分	60分
所占分值	54分	3分	10分	23分	60分	150分

（一）基础知识

满分为33分，有两种题型：单选10小题，每小题3分，共30分；填空3小题，每小题1分，共3分。试题紧扣《考试大纲》的要求，考查的具体知识点如下：

（1）虚词的运用，如第1小题。

（2）近义词辨析，如第2小题。

（3）正确使用成语，如第3小题。

（4）语病辨析，如第4小题。

（5）表意明确辨析，如第5小题。

（6）标点符号的使用，如第6小题。

（7）修辞手法的辨析，如第7小题。

（8）文学常识的考查，如第8小题。

（9）文化常识的考查，如第9小题。

（10）唐诗鉴赏，如第10小题。

（11）默写名句，如第20（1）（2）（3）小题。

（二）白话文阅读

与往年一样，2011年的全国联招白话文阅读仍是两篇文章。

阅读材料1主要讲“晚清的文学启蒙精神”，重在考查考生的理解分析能力，共4小题，均为单选题，每小题3分，共12分。题目紧扣原文内容，考查的知识点全部集中在筛选和整合文章信息，作出正确的理解、分析和推断，如第11、12、13、14小题。

阅读材料2是贾平凹的散文《明月清泉自在怀》，重在考查考生的鉴赏和表达能力，共4小题，均为简答题，共23分。考查的具体知识点如下：

（1）理顺文章结构，分析概括文章内容，如第21小题。

（2）体会重要语句的丰富含义，如第22小题。

（3）品味精彩语句的表现力，如第23小题。

（4）概括作品主题，如第24小题。

（三）文言文阅读

2011年的全国联招文言文阅读材料同样是一篇史传类作品。共22分，包括单选4小题，每小题3分；翻译2小题，每小题5分。考查的知识点如下：

（1）掌握常用文言虚词的用法，如第15小题。

（2）理解常见文言实词在文中的含义，如第 16 小题。

（3）辨别文言复句的类型和语义关系，如第 17 小题。

（4）在筛选整合信息、理解文意的基础上作出分析，如第 18 小题。

（5）将文中重点语句翻译成现代汉语，如第 19（1）（2）小题。

（四）写作

共 1 小题，60 分。与往年一样，2011 年的全国联招作文题目依旧是二选一的全封闭式命题作文，题目一是“兴趣真的那么重要吗?”题目二是“街头即景”，两个题目的要求都是“写一篇不少于 600 字的文章”。

三、两校联招试卷与全国联招试卷的比较

从试卷结构看，两校联招试卷包括基础知识、阅读理解、语言文字表达三部分；全国联招试卷包括选择题和非选择题两部分。从试卷内容看，两套试题都是从基础知识、文言文阅读、现代文阅读和写作这四个方面考查考生的语文能力。

（一）基础知识

两校联招的基础知识满分为 30 分，全国联招的基础知识满分为 33 分，两套试题的基础知识题分值相当，且都包括单项选择题和填空题两种题型，两校联招除了这两种题型外，还有多项选择题和判断题。参见表 3。

表 3　两校联招和全国联招基础知识题型及分值比较

题型及分值	单项选择题	多项选择题	填空题	判断题	题量	分值总计
两校联招	7 题 14 分	3 题 6 分	5 题 5 分	5 题 5 分	20 题	30 分
全国联招	10 题 30 分		3 题 3 分		13 题	33 分

从表 3 可以看出，两校联招的基础知识题题量较大、涉及面较广，而全国联招的基础知识题题量较少，但每一题的分值较大。这就要求考生在备考时根据两套试题的不同特点作出相应调整。2012 年的两校联招基础知识在题型上作了调整，取消了多项选择题的考查，单项选择题由 7 题增加为 10 题，其他题型及分值保持不变，这一点请考生留意。

两套试题的基础知识除了题型差异外，考点的分布也各有侧重。详见表 4。

表 4　两校联招和全国联招基础知识题考点分布

考点及分值	两校联招分值	全国联招分值	题型
字形辨识	2		单项选择题
虚词运用		3	单项选择题
成语运用	2	3	单项选择题
病句辨析	2	3	单项选择题
语义简洁辨识	2		单项选择题
语义明确辨识		3	单项选择题
语篇衔接	2		单项选择题

（续上表）

考点及分值	两校联招分值	全国联招分值	题型
近义词辨析	2	3	单项选择题
多义词辨析	2		多项选择题
标点符号运用		3	单项选择题
修辞手法辨析		3	单项选择题
汉字知识	1		判断题
应用文写作知识	1		判断题
文学常识	2	3	单项选择题
	4		多项选择题
	3		判断题
文化常识		3	单项选择题
唐诗鉴赏		3	单项选择题
名句默写	5	3	填空题
总计	30 分	33 分	

从表 4 可以看出，两套试题的基础知识都涉及的考点有成语运用、病句辨析、近义词辨析、文学常识和名句默写。除此之外，两校联招还涉及的考点有：字形辨识、语义简洁辨识、语篇衔接、多义词辨析、汉字知识、应用文写作知识；全国联招还涉及的考点有：虚词运用、语义明确辨识、标点符号运用、修辞手法辨析、文化常识、唐诗鉴赏。同样是“文学常识”这个考点，两套试题的分值也不同，全国联招涉及 1 个单项选择题（3 分），而两校联招则分别在单项选择题、多项选择题和判断题中涉及，总分值为 9 分。当然，全国联招基础知识的命题在考点分布上比较固定，这对考生备考来说有一定的规律可循。而两校联招基础知识的命题则有较大的灵活性，纵观近几年的试题，标点符号运用、修辞手法辨析和文化常识这三个考点，虽然 2011 年的两校联招没有涉及，但今后仍是考查的重点，望考生注意。近几年只有两校联招涉及的考点有字形辨识、汉字知识和应用文写作知识。而虚词运用和唐诗鉴赏则只是全国联招涉及的考点。还有一点，两校联招基础知识的命题除了考查考生的语言文学积累和灵活运用能力外，还有不少题目出自两校联招复习丛书《中国语文》，这也在一定程度上降低了考试的难度。

（二）文言文阅读

两校联招的文言文阅读材料有两篇，一篇课内，一篇课外，总分值为 30 分；全国联招的文言文阅读材料只有一篇，总分值为 22 分。两套试题都包括单项选择题和翻译题，两校联招还包括简答题。参见表 5。

表 5　两校联招和全国联招文言文阅读题型及分值比较

题型及分值		单项选择题	翻译题	简答题	分值总计
两校联招	文言（1）	2 题 6 分	2 题 6 分	1 题 3 分	
	文言（2）	5 题 15 分			
两校联招（总）		7 题 21 分	2 题 6 分	1 题 3 分	30 分
全国联招		4 题 12 分	2 题 10 分		22 分

从表 5 可以看出，两校联招文言文阅读所占分值较高，但其难度却低于全国联招。因为第一篇 15 分的阅读材料出自复习丛书，包括翻译和简答在内的题目其难度就大大降低了。材料二贴近生活、语言较通俗，考点涉及常用实词、虚词的考查及筛选整合信息的能力，这些属于文言文阅读的基本功。全国联招的文言文阅读材料是一篇中规中矩的史传类作品，况年代较早，理解起来有一定难度，尤其是占 10 分的翻译题，对考生来说想得高分实属不易。纵观近几年的全国联招文言文阅读，考查的知识点都基本固定（参看前面分析），这或许能对备考的考生提供导向和帮助。

（三）现代文阅读

两校联招的现代文阅读材料有一篇，总分值为 20 分；全国联招的现代文阅读材料有两篇，总分值是 35 分。两套试题都包括单项选择题和简答题，两校联招还包括判断题。参见表 6。

表 6　两校联招和全国联招现代文阅读题型及分值比较

题型及分值		单项选择题	判断题	简答题	分值总计
全国联招	白话（1）	4 题 12 分			
	白话（2）			4 题 23 分	
全国联招（总）		4 题 12 分		4 题 23 分	35 分
两校联招		4 题 8 分	4 题 8 分	2 题 4 分	20 分

全国联招的现代文阅读所占分值较高，阅读量也大，分两篇文章考查：材料一注重考查考生的理解和分析能力，材料二注重考查考生的鉴赏和表达能力。两校联招只有一篇阅读材料，重在考查考生的理解分析能力。全国联招现代文阅读覆盖的考点比较全面，难度也较大一些。

（四）写作

两校联招的“语言文字表达”分值为 70 分，分 3 题考查；全国联招的“写作”分值为 60 分，只有一题。参见表 7。

表 7　两校联招和全国联招写作题型及分值比较

题型及分值	组词成句	拟手机短信	大作文	分值总计
两校联招	2 题 4 分	1 题 6 分	1 题 60 分	70 分
全国联招			1 题 60 分	60 分

从表 7 可以看出，两校联招较全国联招相比多了“组词成句”和“应用文写作”两个题型，能够更全面地考查考生实际运用语言文字的能力。

两套试题都包含了一个 60 分的大作文，且都是“二选一”的形式，不同之处在于：

（1）两校联招作文的两个题目，一个是命题作文“假如明天来临”，一个是材料作文“日本地震引发核危机后中国出现的抢盐潮”；而全国联招的两个作文题目都是命题作文：

“兴趣真的那么重要吗?”和“街头即景”。两校联招的作文题目大都与现实生活紧密联系，具有时效性。

(2) 两校联招的作文明确规定不允许诗歌创作，全国联招虽然没有明确规定，但“不少于600字”的字数要求也基本否定了诗歌创作的可能性。

(3) 两校联招的作文对字数的要求是“文言文不少于400字，白话文不少于700字”，而全国联招则统一要求为“不少于600字”，没有限制文言文写作。近年来不少考生尝试用文言文写作，部分考生的作文还获得了高分。

不管是两校联招还是全国联招，都要求考生的作文要有真情实感，不能套作。对考生来说，正确审题和认真构思都是非常重要的。当然也需要注意作文写作的一些细节，如题目一定要有，而且不能加书名号；要准确使用标点符号；尽量减少或避免错别字；书写工整、卷面整洁，等等。

（执笔：林娟）

数学

暨南大学华文学院预科部数学教研室

一、两校联招试卷分析

（一）试卷结构

2011 年两校联招数学试卷（A 卷）满分 150 分。共三道大题，29 道小题。第一大题选择题共 15 小题，每小题 4 分，满分 60 分；第二大题填空题共 5 小题，每小题 4 分，满分 20 分；第三大题解答题共 9 小题，包含三种答题形式：五选三的选答题，两道文科必答题和两道理科（含选考生物的考生）必答题。这次考试的题型仍如往年，客观题分值比重较大。具体题型及分值见表 1。

表 1　两校联招数学试题类型与分值分布

试题类型	选择题	填空题	解答题	总计
试题数	15	5	9（5 选 3，文 2，理 2）	29
所占分值	60	20	70	150

答题时间为 120 分钟。

（二）试卷内容

试题所考查的知识重点都是《考试大纲》中的核心内容，具体分为以下六个方面：

（1）基础概念：如选择题的第 1、2、9、11、12 小题分别考查函数的定义域、集合的空集、斜截式直线方程、古典概率、等比数列等概念，填空题第 16、17、18 小题分别考查奇函数、等差数列、非零向量的夹角等概念，解答题第 24、27、28、29 小题考查函数的单调性、周期性、奇偶性、两个圆的外切和内切、函数等概念。

（2）基础公式：如选择题的第 4、12、13、14 小题分别考查一元二次函数最值、等比数列前 n 项和、余弦定理和三角公式，填空题第 17、20 小题考查等差数列的公差公式和两条垂直直线的斜率乘积公式，解答题第 21、22 题考查两角差的余弦公式、特殊角的三角函数值、正弦定理、三角形面积等公式。

（3）基础运算：如选择题的第 5、7、9 小题，考查一次函数的斜率、负指数、分数指数、对数、斜截式直线方程的计算；填空题第 16 小题，考查函数值的计算；解答题的第 21 小题，考查三角函数的计算。

（4）基本技能：如选择题第 6 小题比较同底指数函数值的大小，填空题第 18、19 小题考查两个向量的夹角（向量与图形结合）、与空间的点距离相等的平面的个数。

（5）数学方法和思想：如选择题的第 2、10 小题考查数形结合解题，第 4 小题利用一元二次函数的配方法解题。

(6) 解决简单实际问题的能力：如解答题的第26小题（文科题）利用平面几何知识解决受台风影响的问题，第29小题（理科题）利用函数知识求解海关的税率问题。

总之，2011年两校联招试题严格遵循考纲精神，重视基础知识的考查，既全面又突出重点。

试卷考查的具体内容与分值分布如表2所示。

表2　两校联招数学试题考查内容与分值分布

分值＼内容		代数	三角	解析几何	立体几何	排列组合与概率初步	总计
选择题（共15题）		9题36分	2题8分	2题8分	1题4分	1题4分	60分
填空题（共5题）		2题8分		2题8分	1题4分		20分
解答题（共5题）	文理5选3	2题28分	2题28分		1题14分		42分
	文科2题			2题28分			28分
	理科2题	1题14分		1题14分			28分
总计		72分（文科）或86分（理科）	36分	44分（文科）或30分（理科）	22分	4分	150分

（三）试题定量分析

这套试题从整体来看，知识面较广，内容较多。从试卷命题重点上来讲，主要强调了对基础知识（基本概念+基础公式+基础运算）的牢固掌握，符合两所华侨高校招收港澳台侨生的考试大纲要求。

选择题和填空题的命题着重于强调对概念的理解，如集合的空集，函数的单调性、周期性、奇偶性，两个圆的外切和内切，等比、等差数列等概念，向量的模等，以及对一些基本运算的掌握，如求解函数的解析式、求函数值等。

第三部分解答题仍强调了对基础知识的掌握以及对它们的实际运用，如根据实际条件建立函数关系并进一步求最佳税率、利用解析几何知识求某地受台风影响时间等问题。

（四）试题特色

(1) 该份试题文理同卷，且文理的绝大部分试题相同，体现了数学的共同基础，有利于文理科考生数学学习的比较，如表3所示。

表3　两校联招数学试题文理科相同试题与分值分布

试题类型	选择题	填空题	解答题	总计
相同试题数	15	5	5（5选3）	23
所占分值	60	20	42	122

(2) 试题适当设置选考题，让考生自主选择，体现了对文理科考生的不同要求，也

体现了对考生的理解和关爱。选考题在全卷中所占比重不大，并注意了各选考题的等值性，保证有效区分。

（3）试题设计中对文理科学生都既有理论知识的考查，又有解决实际问题的应用，精心设计、全面考查学生的数学能力。

（4）2011 年的试题与 2010 年的试题相比，在提高区分度、保证评价的准确性和合理性方面有较大的改善，大多数题目以高中数学常见问题作为命题的背景，使大部分考生比较容易入手解决，便于考查学生真实水平。

二、全国联招试卷分析

（一）试卷结构

和前几年的试卷相比，2011 年的试卷在结构上作了调整，更简单了。填空题从原来的 8 题减少为 6 题，每题分值也从 4 分增加为 5 分；解答题的变化最大，没有了选做题，也不分文、理科了，所有的考生都是做 4 题，每题 15 分。试卷结构具体如下：试卷共三道大题，22 道小题，满分 150 分。第一大题为选择题，共 12 小题，每小题 5 分，满分 60 分；第二大题为填空题，共 6 小题，每小题 5 分，满分 30 分；第三大题为解答题，共 4 小题，每小题 15 分。具体题型及分值见表 4。

表 4　全国联招数学试题类型与分值分布

试题类型	选择题	填空题	解答题	总计
试题数	12	6	4	22
所占分值	60	30	60	150
所占比例（%）	40	20	40	100

从表 4 可明显看出，试题中客观题比例较大，满分 90 分，占试卷总分值的 60%；其中选择题分值很大，每题 5 分，满分 60 分，占试卷总分值的 40%。

（二）试卷内容

（1）试题紧扣《考试大纲》的要求，考查了考生对《考试大纲》所要求的数学的基础知识、基本技能和常用数学思想方法的掌握情况，考查了学生的运算能力、逻辑思维能力、抽象思维能力和空间想象能力。

（2）试题不再分文、理科，说明对文理科考生的基本要求相同。

（3）试题覆盖的知识面广，涉及了代数、三角、立体几何、解析几何、微积分和概率等方面，较全面地考查了考生的知识结构。代数部分的题量仍然是最大的。

（4）18 道客观题所涉及内容情况为：代数 7 道，三角 2 道，立体几何 3 道，解析几何 4 道，微积分 1 道，概率 1 道。

（5）4 道解答题所涉及的内容分别为函数、三角、平面解析几何和数列。这也是各年试卷中解答题所涉及的典型内容。以前每年的解答题中基本上都会有一道立体几何题，而今年由于解答题的数量减少了，就没有出现立体几何题了。这也是值得注意的一个动向。

（6）试题中客观题的比例较大，占总分值的 60%，其难度相对于解答题来说较小，但题量较大，这就要求学生灵活运用自己所掌握的知识，仔细审题，把握关键字句，巧妙使用估算法、排除法、特殊法等答题技巧，以较快的速度解题。

（7）解答题难度较大，不仅要求考生具有综合运用知识的能力，而且还要具有较高的解题技巧。从考试结果看，考生普遍在解答题上得分不高。当然，4 道解答题的难度也是不一样的，相对而言，第 19 题难度较小，第 20 题难度较大。

（8）考生在考试时要根据自身的情况审时度势，即使在解答题上得不了多少分，也不要灰心和慌乱，要尽量在客观题上多得分，因为相对而言，大部分客观题是较容易做的。当然，也有个别客观题难度较大。

（9）从总体看，整份试卷题量还是偏多，难度也偏大，因此考试时间会比较紧张，考生必须注意解题速度，按照先易后难的原则，合理分配时间。

三、结束语

多年来，全国联招和两校联招的数学试题在题量和考查的知识面上都基本保持稳定，而且两套试题的题型也很接近，但全国联招数学试题比两校联招数学试题的知识覆盖面更广、难度更大。

2011 年，全国联招数学试题的结构已作了调整。从 2012 年起，两校联招考试也将启用新的考试大纲，数学试题的结构和内容也将有一定的调整，请考生们予以关注。

（执笔：赖章荣、刘家有）

英 语

暨南大学华文学院应用语言学系英语教研室

一、全国联招试卷分析

全国联招试卷包括5个大题：

（一）听力

共20小题，每小题1.5分，满分30分。考生根据所听到的简短对话或独白，从所给选项中选出最佳答案。所有录音仅读一遍。

设问形式如下：

（1）问事件，如第6、11、14小题。

（2）问原因，如第7、8、16、18、20小题。

（3）推断，如第1、2、5、9、10、12、15、19小题。

（4）猜关系，如第4小题。

（5）问人物、时间或地点，如第3、13、17小题。

（二）英语运用

共35小题，每小题1分，满分35分。共分两部分：

1. 单项填空

共15小题。所考知识点如下：

题号	考点
21	会话逻辑
22	动词辨析
23	状语从句
24	非谓语动词用法
25	宾语从句
26	词义辨析
27	情态动词选择
28	动词辨析
29	状语从句
30	代词辨析
31	冠词用法
32	非谓语动词用法
33	名词性从句
34	比较句用法
35	方位词选择

2. 完形填空

共20小题。

本文主要讲述了马克·吐温家乡的博物馆的一些逸事。考查的主要形式如下：

(1) 在分析语境的过程中对逻辑意义和学生理解能力的考查，如第36、37小题等。

(2) 对常用的习惯用语和搭配用法的考查，如第39、41小题等。

(3) 对句子的结构或句型的语言分析能力的考查，如第40小题等。

(4) 对学生整体思维能力的考查，如第42、45小题等。

(三) 阅读理解

共20小题，每小题2.5分，满分50分。

(1) 共5篇短文，其内容分别如下：

短文一主要讨论了网络上的个人隐私可能通过各种蛛丝马迹被人所查知。

短文二简要介绍了各文化间食物的喜恶及其可能的原因。

短文三简要介绍了发明家贝尔的生平。

短文四则介绍了旧金山一日游的内容。

短文五主要介绍了地球的构成情况及它所面临的危机。

(2) 考查的主要形式：

①主旨大意题，如第58、61小题等。

②事实细节题，如第64、65小题等。

③判断推理题，如第59、60小题等。

④词义猜测题，如第56小题。

(四) 短文改错

共15小题，每小题1分，满分15分。

该短文比较简单，主要议论了司机人为因素是车祸产生的重要原因。

主要考点：

(1) 介词用法，如第76、78小题等。

(2) 冠词用法，如第82小题。

(3) 主谓一致，如第80、83、89小题。

(4) 词类是否恰当，如第81、87小题等。

(5) 固定搭配，如第90小题。

(6) 代词用法，如第88小题。

(7) 连词用法，如第77、84小题。

(8) 动词用法，如第85、86小题。

(五) 书面表达

共1小题，满分20分。

要求学生针对旅游景点招聘英语导游这一主题写出100词左右的求职信。其要点包括：个人简介、求职原因和胜任条件。

该题目贴近学生生活实际，每个学生基本都有话可说，得分高低关键在于以下两点：

(1) 用词恰当，尽量选用简洁、朴素、标准的大众化词语，尽量使用自己熟悉的词、短语或句型，慎用把握性不大的短语、复合句或长句，避免句子结构混乱。

（2）适当使用一些表示递进、因果等关系的过渡词，使文章连贯流畅。

二、两校联招试卷分析

（一）听力

共20小题，满分30分。

本题由四部分构成：

A节：听辨数字。要求学生根据听到的具体数字从A、B、C、D选项中找出。共5小题，每小题1分，共5分。

B节：回答问题。要求学生根据所听到的问题从A、B、C、D选项中选出正确的回答。共5小题，每小题1分，共5分。

C节：对话。要求学生在听到单层或多层对话后，再根据所提问题选出正确答案。共5小题，每小题2分，共10分。

D节：短文独白。要求学生在听到短文后，根据所提问题选出正确答案。共5小题，每小题2分，共10分。

（二）阅读理解

共20小题，每小题2分，满分40分。

（1）4篇短文，其内容分别如下：

短文一讨论了人们对名字的态度。

短文二介绍了一个湖泊的污染现状、原因和对策。

短文三介绍了家庭里多发的事故及注意事项。

短文四介绍了商品包装的作用和意义。

（2）考查的主要形式：

①主旨大意题，如第21、27小题等。

②事实细节题，如第23、26小题等。

③判断推理题，如第22、39小题等。

④词义猜测题，如第29、40小题等。

（三）词汇

共20小题，满分20分。

（1）本题由两部分构成：

A节：每题在一或两句话中留出空白，要求学生根据所给情景选出合适的词或短语。共10小题，每小题1分，共10分。

B节：要求学生从给定的四个选项中选出与题干画线部分的词或短语意义和用法最接近的选项。共10小题，每小题1分，共10分。

（2）考点如下：

Section A

题号	考点
41	number
42	similar
43	communicate

44	in line with
45	entirely
46	explore
47	crazy about
48	take a route
49	charge money
50	nervous

Section B

题号	考点
51	advise
52	tend to
53	desire
54	rise
55	quarter
56	discourage
57	extremely
58	pass
59	fitness
60	extent

（四）语法结构

共 10 小题，每小题 1 分，满分 10 分。考点如下：

题号	考点
61	宾语从句
62	反意疑问句
63	情态动词
64	主谓一致
65	定语从句
66	状语从句
67	非谓语动词
68	虚拟语气
69	倒装用法
70	情态动词

（五）完形填空

共 20 小题，每小题 1 分，满分 20 分。

短文论述的是计划生育的意义，主要考查形式如下：

（1）在分析语境的过程中对逻辑意义和学生理解能力的考查，如第 72、75 小题等。

（2）对常用习惯用语和搭配用法的考查，如第 71、73 小题等。

（3）对句子的结构或句型的语言分析能力的考查，如第 77、81 小题等。

（六）短文改错

共 10 小题，每小题 1 分，满分 10 分。

短文讲述了体育锻炼对人身体的重要性。主要考点：

（1）冠词用法，如第 93 小题。

（2）主谓一致，如第 100 小题。

（3）词类是否恰当，如第 94、97 小题。

（4）固定搭配，如第 98、99 小题。

（5）数词用法，如第 91 小题。

（七）书面表达

共 1 小题，满分 20 分。

要求学生从看图或命题作文中任选一题写一篇 200 ~ 250 词的短文。

命题作文为议论文，题目是"Benefits of Reading Widely"。文章要求由三段构成，并且每段的开头（主题句）已列出。

看图作文要求就给出的图片写出增加该项设施的好处。文章要求由三段构成，并且每段的开头（主题句）已列出。

三、全国联招试卷同两校联招试卷的比较

（一）题型和分值的比较

	全国联招	两校联招
总分和考试时间	150 分，2 小时	150 分，2 小时
听力	听力材料仅读一遍 20 × 1.5 = 30 主要采用 short conversation 形式，最后一部分是一篇短文列出所提的问题	听力材料仅读一遍 Section A 词语辨音（1 × 5）主要考查数字 Section B 读出一个问句，选择合适答案（1 × 5） Section C short conversation（2 × 5） Section D short talk（2 × 5） 所有问题都未写出，考生必须自己听清记牢
单项填空	语法和词汇（15 × 1）	语法（10 × 1） 词汇 Section A 词汇辨析（10 × 1） Section B 近义词（10 × 1）
完形填空	20 × 1	20 × 1
阅读理解	5 篇（20 × 2.5）	4 篇（20 × 2）
短文改错	15 × 1	10 × 1
作文	写一封求职信，100 字左右，20 分	二选一（200 ~ 250 字，20 分） 1. Benefits of Reading Widely 按指定题目思路写作，每一段的首句已给出 2. 给出一些图片，配以简短解说，以每段首句来提示学生文章的架构

由上表可看出，和往年一样，基本题型仍然没有变化，都有听力、单项选择、完形填空、阅读理解、短文改错和作文这几种考查方式。分值的分布也和去年相似，全国联招的阅读理解和短文改错这两个考查英语应用能力的部分的分值仍然比两校联招分别高出10分和5分。而两校联招在单选题多出15分考查基础语法和词汇。总的来说，全国联招略难于两校联招的格局没有变化。

（二）具体题型的比较

1. 听力部分

两份试卷分值相同，两校联招多了词语（特别是数词）辨音的内容。应该说内容难度上两者相差不太大。但考生反映感觉两校联招更难一点，因为两校联招试卷没有印出听力问题，要靠自己听出并记住。

2. 单项选择

全国联招试卷形式上比较单一，共15分。而两校联招试卷在这里分别出了两种题型，每种各占10分。Section A是选择合适选项使句子完整。这个部分与全国联招试卷没有太大区别。Section B则主要是选择近义词。我们可以看出，两校联招试卷虽然题目多些，但考查的内容其实更基础一些。

3. 完形填空

两个考试的完形填空都是20题，每题1分。全国联招采用一篇结合说明的记叙文，两校则采用一篇科学短文。仅从填空的角度讲，我们感觉这两份试卷的难度和考查范围大同小异。但全国联招的短文词汇量大，离我们的生活较远，所以总体难度上还是要高些。

4. 阅读理解

两校联招阅读理解有300～350字的短文，共4篇，每篇短文都需回答5个问题。2011年短文文体比较统一，基本都属于说明文，主题分别是关于姓名、污染、安全和包装。除了一篇文章有一道题目要求根据上下文辨析词语，其他大概有一半问题属于考查文章细节的题目，另一半题目需要了解整篇文章的脉络。有两篇文章比较适合速读，另两篇则需要进行整体把握。总体来说，这几篇短文词汇量较小，专业词汇少，难度不算大。

全国联招共有5篇短文，有3篇说明文和1篇记叙文。问题和难度应该说和两校联招相差不太大。但文章多了一篇，需要学生更快地利用时间来阅读和解题。

5. 短文改错

与2010年一样，全国联招试卷改错有15题，两校联招试卷只有10题。从题量上说，全国联招比两校联招大。另外从短文的选择上来说，全国联招试卷明显比两校联招的难些，不管是词汇还是句式都比两校联招的要复杂。

6. 作文

全国联招今年是要求写一封100词左右的求职信，属于应用文范畴。形式上难度并不复杂，学生一般都比较熟悉。

两校联招的作文还是二选一，要求不少于200字。一个选择是议论文，讨论广泛阅读的好处，每段开头已经给出。另一个选择是看图说话，也给出了一些句子来提示考生。不过这个看图说话其实也就相当于另一篇议论文，主题是讨论各种运动的益处。从形式上讲，考生可能会不太习惯第二个选择，因其不如第一个题直观。

四、总结和备考策略

总体来说，2011 年的两份试卷都延续了以往的风格、题型和难度。题量上全国联招试卷比两校联招的略大，词汇上全国联招也要求稍高些。不过全国联招的作文题比两校联招显得容易些。

根据 2011 年两校和全国联招英语试题的特点以及多年的高考复习教学经验，提出以下 2012 年联招备考策略：

1. 夯实基础

夯实基础是提高综合能力的前提，没有扎实深厚的基础知识，解题效率、综合能力就不可能提高。从 2011 年两校联招和全国联招试题来看，考试内容基础性强，试题题型比较熟悉。英语是一门以语法为纲的应用型学科，因此，复习必须以语法为本，多做练习，落实基础知识。

2. 加强训练，注重综合素养的培养

语言作为一种工具和桥梁，考题可能涉及政治、经济、科技等各个方面。考生在熟悉该方面知识的情况下，会感觉比较放松，有利于正常发挥。因此考生知识面的扩大有利于成绩的提高。同时英语学习需要从听说读写各个方面进行练习，练习的过程同时也是对自己的语法和词汇进行考查和学习的过程。考生除了正常的课堂学习之外，还可以多读英语报刊，多看英语电视、电影节目，留意身边所有的英语元素，使自己更多地沉浸于有益的语言环境中。

（执笔：邓世军）

历　史

暨南大学华文学院预科部文史教研室

历史科两校联招与全国联招两类考试的招考对象基本相同，即主要都是招收华侨、港澳台地区的学生。稍有不同的是，两校联招招生对象除上述考生外，还包括外籍学生。尽管如此，由于命题主体、招生学校范围等不同，两类考试还是有较大区别的。

一、考试要求不同

两校联招的考试要求是：

（1）历史学科两校联招考试内容包括中国历史和世界近现代史。本学科要求考生掌握最重要的历史事实；通过历史基础知识的学习，理解历史事件的由来、发展及其相互关系。

（2）整理、分析、综合及评价史实，运用历史资料及有关论述得出适当结论。

全国联招的考试要求是：

（1）历史学科全国联招考试内容包括古今中外最重要的历史事实，要求考生通过历史基础知识的学习，初步认识人类文明和中华文明的发展演变以及中华民族在世界历史上的卓越贡献。

（2）知识与能力并重。考生应能在记忆基本史实的基础上，进行综合、归纳、分析、比较，以阐明其相互关系，引出适当的结论。

（3）考生掌握历史知识，还应注意时间与空间（如地理沿革）、抽象概念与形象事物并重。

二、两类试卷的具体比较

（一）两类考试题型分布及分值比较

1. 两校联招

	中国古代史	中国近现代史	世界近现代史	备注
选择题（40 分）	12	14	14	
材料解析题（40 分）	12	14	14	
简答题（40 分）	20	20	20	三题选做两题
论述题（30 分）	0	30	30	两题选做一题
所占比例（%）	29.3	35.3	35.3	

2. 全国联招

	中国古代史	中国近现代史	世界近现代史	备注
选择题（60分）	21	18	21	
材料解析题（30分）	15	0	15	材料题中国史、世界史各一题，中国史两部分大致轮流出题
问答题（60分）	30	30	30	三题选做两题
所占比例（%）	44	32	44	

3. 解析

（1）两类考试题型不完全相同，两校联招比全国联招多了一种题型——论述题。

（2）两校联招题量大于全国联招，试题考查的知识点要比全国联招的广泛。

（3）两校联招试题中，主客观题型分值之比约为11∶4，客观题型仅占26.67%；全国联招试题中，主客观题型分值之比约为3∶2，客观题型占40%。两类考试的共同特点是主观题型分值大于客观题型。这也反映了历史学科考试的发展趋势，即越来越重视考查考生的文字表达、综合分析等能力。这就要求考生在复习备考时，切忌死记硬背。考生应在识记基本史实的基础上，有意识地对古今中外的历史进行跨时空的比较、分析和综合。

（4）从考查的知识板块看：

两校联招：

2011年试题中，主观题型110分，大部分为政治史内容，但也有一部分题目涉及文化史和经济史。

由此可知，两校联招历史考试仍以政治史为主，文化史和经济史的比重有所提升。

全国联招：

2011年试题中，主观题型90分，政治史、经济史和思想文化并重；客观题型60分亦是如此。

因此可以认为，全国联招历史考试侧重考查考生对古今中外文明发展线索的把握，具体而言，主要包括政治史、经济史、文化史、民族关系史以及国际关系史等较为广泛的范围。

（二）两类试题所要求的知识层次比较

一般历史试卷对考生的知识要求分为“识记”、“理解”和“应用”等几个层次。下面分题型比较两类考试对考生的不同层次的要求。

1. 选择题

两校联招：

基本上只要求考生能“识记”一些基础历史知识。如第3题：

曹操为解决军粮问题，招募流亡农民，实行（　　）

A. 租庸调制　　B. 屯田制　　C. 分封制　　D. 摊丁入亩

正确答案是“B”。

这里所说的“基础历史知识”主要是指一些重要的历史年代、人名、地名、历史大事、重要制度以及著名文献等。

全国联招：

考生应在“识记”历史事实的基础上，对所学知识能达到“理解”甚至“应用”的层次要求。如第6题：

中国古代典籍装帧形式之一的线装书，缘于书籍的大量印行。线装书应出现在(　　)

A. 汉代　　B. 唐代　　C. 宋代　　D. 明代

对这种类型的考题，考生如果仅仅通过死记硬背“识记”，尚难有效答题。考生应在此基础上，理解上述四个朝代与书籍印刷的关系，然后才能得出正确答案“C”。总之，全国联招很多选择题的知识层次要求是在“识记”基础上的“应用”。

2. 材料解析题

两校联招：

材料后的问题项中，有些问题的知识层次要求是“识记”，较为简单；有些问题的知识层次要求是“应用”。

全国联招：

材料后的问题项中，所有问题的知识层次要求为“理解”和“应用”，即要求考生在分析材料的基础上，进行比较、分析和综合，然后得出结论。

因此，该题型中，全国联招考试难度大于两校联招。

3. 问（简）答题

两校联招：

大体上要求学生对所学知识在“识记”基础上有一定“理解”。多就单一知识点进行提问。如第25题：简述1840年前鸦片走私贸易给中国社会带来的严重危害。

全国联招：

知识层次要求为“理解”，且题目多是就多个知识点进行比较或根据某个大知识点进行综合提问，较之两校联招的问题难度要大。如第24题：中国近代历史上，太平天国与同盟会都提出了土地制度的改革方案。从主要内容、性质、思想渊源方面比较二者的异同。

该题不像两校联招简答题那样，仅就单个知识点或某个知识点的单一方面提问，而是将两个（有时是两个以上）知识点串联起来，就数个知识点的数个方面提问，这就要求考生有更强的跨时空的比较、分析和综合能力。

4. 论述题

该题型为两校联招考试新增题型，全国联招没有。其知识层次要求是“应用”。该类题型不预设固定答案，要求考生自由发表个人见解。考生答题时一定要注意以下几点：①观点明确，即要有明确的论点，不能模棱两可；②要能正确地引用史实对自己的论点加以论证；③要将答案写成一篇短文，短文要通顺、流畅。

总之，该题型考查的是考生的“识记”、“理解”、“应用”以及文字表述等综合能力。其难度是两类考试所有题型中最大的。同时，考生在做该题时，也不要因为难而放弃。因为该题并不要求考生死记硬背，只要平时学有所思，答题时再好好组织思路，就能取得较好成绩。

三、2012 年两类考试备考复习要点

（一）两校联招

中国古代史：

重点章节：秦汉、隋唐、宋、明清。

重点内容：王朝更替、治乱兴衰；专制主义中央集权制度的演变发展；其他重要制度，如科举制、三省六部制、均田制、租庸调制、两税法、一条鞭法、地丁银制度等；国家的统一和分裂以及多民族国家的巩固；几次重要的民族交往和融合、边疆地区的管理；重要君主的评价、几次盛世局面的出现；重大历史事件和举措（包括变法）；重要的对外交往，如丝绸之路、郑和下西洋等。

中国近现代史：

重要线索：中华人民共和国史不作为考试重点。

（1）列强对中国的六次侵略：背景、经过、结果、影响；各国对中国各类权力的侵占、对中国边疆地区的觊觎和侵略。

（2）近现代中国的政治变迁：两次鸦片战争之后清朝政局的变化、戊戌维新、清末新政、清末宪政、辛亥革命、民国政局的变迁、国共两党的分与合。

（3）近现代中国经济的变化：中国资本主义经济的出现、发展。

（4）近现代中国思想文化的发展变化：地主阶级抵抗派、洋务派、维新派、立宪派、革命派、新文化运动、新旧三民主义等。

世界近现代史：

重要线索：

（1）资本主义发展史。具体包括政治史、经济史和思想文化史。

政治史：英、法、美三国资产阶级革命，俄国、日本的改革，美国南北战争，德国、意大利的统一，德国、日本的法西斯化，战后盟国对德、日的改造等。上述内容均需掌握背景、经过、结果以及影响。就考试而言，最近 3 ~ 5 年已经考过的大题一般不会重复出题。

经济史：三次工业（科技）革命的背景、进程、影响，1929—1933 年世界经济危机及其影响，美国罗斯福新政，各主要大国（英、法、美、德、日、俄）的经济发展等。

思想文化史：文艺复兴、启蒙运动等。

（2）国际关系史亦即大国关系史。

从国别看，主要包括英、法、美、德、意、日、中等几个大国。

从国际关系体系看，主要掌握威斯特伐利亚体系、维也纳体系、凡尔赛—华盛顿体系、雅尔塔体系等四大国际体系中的后面三个体系的形成、发展及其解体的过程，尤其要注意体系中的大国关系、国际条约。

从时期看，有以下几个重点时期：法国大革命前后，1870 年前后的普法战争，第一次世界大战前各国矛盾及战时各国关系，两次大战之间各国关系的发展变化，“二战”期间各国关系变化，“二战”后联合国的成立以及冷战的出现等。

（二）全国联招

总体而言，全国联招考试范围要比两校联招更广，上述两校联招的重点范围同时也是全国联招考试要点，但非全部，考生还应注意以下几点：

（1）中国古代史：侧重中国古代的文明成就，如盛世局面、著名君主、重要制度、民族交往和融合、对外友好往来以及哲学、史学、教育、文学等方面的成就。

（2）中国近现代史：重视中国的政治、经济和思想文化的近代化进程，中华人民共和国史也占有重要的地位。全国联招较之两校联招试题更具有综合性。

（3）世界近现代史：除资本主义发展史和国际关系史线索外，有时也兼顾列强殖民争霸史、各殖民地半殖民地人民争取民主自由的历史等。全国联招较之两校联招试题更有综合性、分析性和比较性。

（执笔：崔英超）

地 理

暨南大学华文学院预科部文史教研室

2011 年全国联招和两校联招地理试卷基本符合考纲要求。纵观全卷，考题考查范围的大小、程度的深浅、难易的搭配及题量与题型等与往年相比变化不大。

一、两校联招试卷分析

（一）题型

2011 年两校联招地理试卷试题形式与往年基本一致，可分为五种类型。选择题均为单项选择题，非选择题包括填空题、判断改正题、填表与连线题、读图分析题等类型。

表 1　两校联招试题结构对比（总分 150 分）

	地球与地图	中国地理	世界地理
单项选择题（共 60 分）	9	24	27
填空题（共 20 分）	9	2	9
判断改正题（共 10 分）		2	8
填表与连线题（共 40 分）	12	12	16
读图分析题（共 20 分）	10		10
分值	40	40	70
比例（%）	27	27	46

（二）知识点分布

由于 2011 年的自然地理、人文地理内容与区域地理部分紧密结合在一起，因此将考试内容合并为地球与地图、中国地理、世界地理三大部分。

2011 年两校联招试卷中，地球与地图部分分值占 27% 的比例，而世界地理继续一枝独秀，几乎占一半。可见区域地理内容仍居试卷重要地位。

表 2　两校联招知识点分布情况

<table>
<tr><th>内容</th><th>单项选择题</th><th>填空题</th><th>判断改正题</th><th>填表与连线题</th><th>读图分析题</th></tr>
<tr><td rowspan="4">地球与地图</td><td>时区</td><td>自转、公转</td><td rowspan="4"></td><td rowspan="4">北半球昼夜长短变化</td><td rowspan="4">西半球判读</td></tr>
<tr><td>直射点</td><td>时区</td></tr>
<tr><td>地图方向判读</td><td>地图比例尺</td></tr>
<tr><td></td><td>北极极昼</td></tr>
</table>

（续上表）

内容	单项选择题	填空题	判断改正题	填表与连线题	读图分析题
中国地理	夏季风	雨带推移	中国环境污染原因	运输方式选择	
	雨带推移				
	青藏高原				
	气温分布				
	雨季时间				
	旅游资源				
	地理分界线				
	气候优点				
世界地理	海陆位置影响气候	气温分布	地震带	主要气候类型特征	世界年平均气温分布图判读
	地中海气候分布		印度洋季风洋流		
	世界居民				
	欧洲西部气候	气候类型分布	影响气候主要因素		
	拉丁美洲				
	非洲气候				
	南美气候	西亚石油分布	澳大利亚农业		
	太阳辐射				
	板块学说				

两校联招一向注重对地理基础知识的考查，试题突出了对学科主干知识的考查，立足基础，强调运用，考查能力。2011 年的考题也突出了这一特点，与气候相关的考点达 67 分，占 45% 的分值。中国地理、世界地理、自然地理、人文地理部分考查的主要内容均是地理学的重点主干知识，也是考生必须要掌握的基础知识，有些内容甚至是年年都考。

二、全国联招试卷分析

（一）题型

全国联招试卷分为四种类型。选择题均为单项选择题，其中包括读图识图选择题、组合选择题、计算选择题等类型。非选择题包括填充题、读图填图题和综合题（读图思考题）等类型。主观性试题采用填空和分段指向设问，便于控制误差。

表 3　全国联招试题结构对比（总分 150 分）

	地球与地图	中国地理	世界地理	自然地理	人文地理
选择题（共 60 分）	9	21	15	9	6
填充题（共 40 分）		20	20		
读图、填图题（共 20 分）		10	10		
综合题（共 30 分）		15	15		
分值	9	66	60	9	6
比例（%）	6	44	40	6	4

（二）知识点分布

全国联招包括地球与地图、自然地理、人文地理、中国地理、世界地理五大部分。从表 3 可以看出，世界地理部分分数占 40%，中国地理部分分数占 44%，可见在全国联招中区域地理也十分重要，这是内地高考及香港会考都不可能出现的。

2011 年两校联招试卷中，地球与地图部分分值占 27%；而在 2011 年全国联招试卷中，地球与地图部分分值只有 9 分，人文地理部分分值也仅仅 6 分，而且都分布于选择题中。

表 4　全国联招知识点分布情况

<table>
<tr><th>内容</th><th>选择题</th><th>填充题</th><th>读图、填图题</th><th>综合题</th></tr>
<tr><td rowspan="2">地球与地图</td><td>地图——海拔与相对高度</td><td rowspan="2"></td><td rowspan="2"></td><td rowspan="2"></td></tr>
<tr><td>时区与区时计算</td></tr>
<tr><td rowspan="6">中国地理</td><td>旅游资源</td><td rowspan="3">我国陆上邻国</td><td rowspan="3">台湾海峡周边</td><td rowspan="6">天津港</td></tr>
<tr><td>高速铁路</td></tr>
<tr><td>“春运”</td></tr>
<tr><td>新疆气候灾害</td><td rowspan="3">我国少数民族自治区</td><td rowspan="3">环渤海地区</td></tr>
<tr><td>城市化</td></tr>
<tr><td>梅雨</td></tr>
<tr><td rowspan="5">世界地理</td><td>世界最高建筑物</td><td rowspan="2">大洋港口与航线</td><td rowspan="2">红海周边</td><td rowspan="5">南美洲巴塔哥尼亚气候成因</td></tr>
<tr><td>人口超一亿国家分布</td></tr>
<tr><td>智利地震</td><td rowspan="3">世界主要金融中心</td><td rowspan="3">澳大利亚气候分布</td></tr>
<tr><td>土耳其海峡</td></tr>
<tr><td>美国农业</td></tr>
<tr><td rowspan="3">自然地理</td><td>太阳活动影响</td><td rowspan="3"></td><td rowspan="3"></td><td rowspan="3"></td></tr>
<tr><td>变质岩</td></tr>
<tr><td>暖锋</td></tr>
<tr><td rowspan="2">人文地理</td><td>工业布局变化</td><td rowspan="2"></td><td rowspan="2"></td><td rowspan="2"></td></tr>
<tr><td>环境保护</td></tr>
</table>

三、试卷知识结构对比

总体来看，全国联招和两校联招的考试试题均重视基础、重视考查学生能力。但两者也有不同之处。

（一）全国联招

全国联招考查面较广，综合性强。如综合题第 29 题要求考生判读出图中填海区域属于天津港，才能判断出海港依托的城市、海域的特点、对当地产业的影响、填海工程完成后应注意的主要维护工作；这道题目涉及的范围包括地球与地图、中国地理、自然地理、人文地理等内容，既有简单的提问，又有需要全面思考才可以解答的问题，编排先易后难，有利于考生答题。综合题第 30 题要求考生从大气环流与地形的影响说明南美洲巴塔哥尼亚高原气候干燥的原因；这道题目与 2010 年综合题第 30 题（分析新西兰南岛北岛降水空间分布特点及其原因）非常相似，涉及的范围包括世界地理、自然地理等内容，需要综合分析才能作答。与气候相关的内容是近几年全国联招常见的综合性题目，考生应多加关注。

读图判断时区计算区时是近年全国联招考试常见的考点，2011 年也不例外。选择题的第 11、12 题就要求考生根据北纬 30°附近两条经线时间判读地理坐标及北京时间。分数虽然不多，但难度系数很大。相信今后这种类型题目仍将出现在全国联招考题中。

地理作为综合性学科之一，与我们的生活息息相关。这一点在全国联招试题中也得到较好的体现。在 2011 年的全国联招试卷中涉及许多热点内容，如目前世界上建成的最高建筑物（828 米）矗立在哪里？导致 2010 年 2 月底智利发生强烈地震的两个板块是什么？截至 2010 年底，我国已开通的距离最长的高速铁路是哪条？“低碳生活方式”提倡节约的是什么？这些热点通过命题者精心设计，巧妙地将热点内容转化为解题所需的背景知识。考查的虽然是地理的主干知识，目的却在于引导考生对现实社会问题的关注和加强社会责任感，突出了引导学生提高知识迁移能力方面的考查。

（二）两校联招

相形之下，两校联招地理考卷难度系数较小。考查方式保持稳定，考查内容覆盖主干知识，不回避常考点。选择题答题切入较易，综合题比较单纯，重视基本知识和原理的记忆。无论是选择题还是非选择题，都具有设问简洁、针对性强的特点，有利于考生准确解答问题。只要考生认真解读大纲，熟练掌握考纲所要求的知识，就能取得比较理想的成绩。

（执笔：黄小黎）

物 理

暨南大学华文学院预科部综合教研室

一、两校联招试卷分析

1. 试卷基本情况

两校联招考试主要考查学生的理解能力、推理能力、分析综合能力、应用数学处理物理问题的能力、实验能力，在众多考生中把那些基础较好、能力较强、具有学习潜能的考生挑选出来。2011 年两校联招物理试卷整体上与 2010 年试卷保持一定的连续性，表现出很好的稳定性，选择题难度略有增加，填空题难度保持一致，计算题难度增加，以考查基础知识为主，无偏题、怪题，试题内容与两校联招入学考试复习大纲吻合，试题富于变化，灵活新颖，符合考试制度改革的发展趋势。

2011 年两校联招物理试卷满分是 150 分，分为三部分：单项选择题，计 60 分，占 40%；填空题，计 30 分，占 20%；计算题，计 60 分，占 40%。考试时间为 2 小时。最后四道计算题为选做题，四题选二题，分别为电磁学、光学、力学和电学实验题。卷面总分数为 174 分，需解答试题的分数为 150 分。

表 1　各部分内容所占分数统计表

	选择题（分）	填空题（分）	计算题（分）	合计（分）	比例（%）	考纲中规定的比例（%）
力学	16	18	24	58	33	35
电磁学	24	0	36	60	34.5	35
热学	4	0	12	16	9	10
光学	8	6	12	26	15	10
原子物理学	8	6	0	14	8	10
实验	0	0	12	12	7	未单独列出

注：实验内容已包括在各部分内容中，为了便于统计，所以单独列出。

从表 1 可以看出，试卷考查了力学、电磁学、热学、光学、原子物理学和实验内容，基本反映了中学物理的主干面貌，力学和电磁学所占分数比例最大，占 67.5%，比 2010 年 A 卷的比例有所减少，比 2010 年 B 卷有所增加；热学有一道必做计算题和一道选择题，占 9% 的卷面分数，与 2010 年 A 卷保持一致，2010 年 B 卷有一道选择计算题和两道选择题；光学和原子物理学所占分数减少，占 23%，但是题目较基础，容易题为主，考生需充分重视；考虑到各地区学生物理实验教学水平的差异，实验题设计为选做题，分数占 7%。

表2 知识点分布情况统计表

	考查知识点	选择题 题号（分数） 难易程度	填空题 题号（分数） 难易程度	计算题 题号（分数） 难易程度
力学	匀变速直线运动	1（4）易		
	匀变速直线运动，牛顿第二定律	2（4）难		
	牛顿第三定律，冲量，功	3（4）难		
	弹簧振子、简谐振动	4（4）易		
	波速、波长、频率以及三者的关系		19（3）中	
	摩擦力，静摩擦、最大静摩擦力，滑动摩擦、滑动摩擦系数、滑动摩擦定律		20（9）易	
	共点力作用下物体的平衡，牛顿第二定律		21（6）中	
	动能、动能定理，平抛运动，重力势能，机械能守恒定律			22（12）难
	牛顿第二定律，动能定理，摩擦力			27（12）难
电磁学	电场强度，电场线	9（4）易		
	电功和电功率、电阻上消耗的功率	10（4）中		
	电源的电动势和内电阻，电功和电功率、电阻上消耗的功率	11（4）中		
	带电粒子在匀强电场中的运动，涉及同位素	12（4）中		
	电容器、电容，电阻的串联和并联	13（4）中		
	互感现象、变压器原理，正弦交流电的有效值	14（4）中		
	洛伦兹力，共点力作用下物体的平衡			23（12）难
	均匀磁场对通电流的直导线的作用力、左手定则，自由落体运动，法拉第电磁感应定律，电流强度			25（12）难
	测电源的电动势和内电阻，电阻的串联和并联，欧姆定律			28（12）中
热学	物体的内能，温度和压强的微观解释，分子运动论，布朗运动	15（4）易		
	理想气体状态方程，热力学第一定律，物体的内能			24（12）难
光学	光的电磁学说	5（4）易		
	透镜成像	6（4）易		
	光的干涉		16（3）易	
	光的全反射、临界角，折射率与光速的关系		17（3）中	
	透镜成像、作图法			26（12）难

（续上表）

	考查知识点	选择题 题号（分数） 难易程度	填空题 题号（分数） 难易程度	计算题 题号（分数） 难易程度
原子物理学	天然放射现象、半衰期	7（4）易		
	氢原子的玻尔模型	8（4）易		
	核反应方程，质能关系式		18（6）易	
实验	测电源的电动势和内电阻，电阻的串联和并联，欧姆定律			28（12）中

注：表格中列出了每道试题考查的知识点、分数以及题目难度。

从表 1 和表 2 可以看出，两校联招入学考试的试卷结构、考查内容的分布基本稳定。试卷突出了对物理基本概念和基本规律的考查，所考查的知识点基本覆盖了入学考试复习大纲中全部重要内容，突出了力学、电磁学重点章节的知识，无超纲题，题目新而不怪。客观题与主观题所占分数的比例为 2∶3，这个比例既能保证试卷对知识点有一定的覆盖面，同时也兼顾到知识技能的考查。

试题注重对非主干内容重要物理知识的考查。与力学、电磁学相比，热学、光学、原子物理学是非主干内容，在试卷中占 32.5% 的分数。这些非重点部分的内容注重对物理学思想的考查，如热学的分子运动论、温度和压强的微观解释、物体的内能、布朗运动、理想气体状态方程、热力学第一定律；光学的透镜成像、作图法、全反射、临界角、光的电磁学说、光的干射；原子物理学中的氢原子的玻尔模型、核反应方程、天然放射性现象、半衰期、质能关系式、同位素，这些知识与现代物理联系紧密。该部分内容多以较容易的题目出现，侧重对知识的理解，同时也体现出一定的综合度。

试卷中考查实验的内容为 12 分，占 7%，所占比例与 2010 年持平。实验题设计为选做的计算题，灵活地考查了测电源的电动势和内电阻实验，涉及电阻的串联和并联、欧姆定律等知识点，加强了对有关实验理论及灵活应用已学实验技能的考查。前两个问题比较简单，第三问对计算能力要求高，考生得分率低。

2. 典型题目分析

与 2010 年和 2009 年相比，2011 年的两校联招物理试卷整体难度略有提高，区分度较大，适于高校选拔新生。试卷中大部分题目为容易和中等难度的题目，难题设置在计算题。两校联招考试的目的是考查考生掌握基础知识和考纲要求的五种能力，为高校选拔新生，不在于题目的推陈出新。

第 1～15 题为选择题，大多为容易题和中等难度题，大多数题目是定性分析，不需要计算，得分率较高。第 2、3 题难度较大，第 10～14 题也有一定难度。第 2 题考查了物体在斜面的运动，通过受力分析和牛顿第二定律解答。第 3 题考查常规知识点牛顿第三定律，但考查方式有创新，判断总冲量和总功是否为零，要紧扣作用力和反作用力的特点作答。第 10 题需运用焦耳定律和功率的公式。第 11 题考查了闭合电路欧姆定律，需要灵活掌握功率公式的几个表达方式。第 12 题列出了几种同位素，但实质是考查电场力做功。第 13 题综合考查了电容、匀强电场、电阻的串并联、共点力作用下物体的平衡等，要紧扣电容通交流断直流的特点，通电平行板电容器的内部可以看成是匀强电场。变压器是常考的知识点，第 14 题将变压器电压公式与交流电表达式综合考查。

第 16 ~ 21 题为填空题，都是容易题和中等难度题，没有难题，计算量很小。有些考生基础知识不牢固，计算能力差，得分不理想。第 16 题定性考查干涉的必要条件。全反射和临界角知识点几乎年年考，第 17 题将全发射与折射率的光速表达公式同时考查。第 18 题有两问，第一个空考查核反应方程，这是年年考的考点，第二个空考查质能方程。第 19 题考查振动和波，需灵活运用运动学公式。第 20 题只要理解了静摩擦力、最大静摩擦力、滑动摩擦力就可以得到这 9 分。第 21 题需要熟练掌握受力分析和牛顿第二定律，A 球和 B 球的受力分析是难点。

第 22 ~ 28 题是计算题，题目偏难，有些考生感觉无从下笔，很多考生因为书写不规范失分，例如缺少公式、单位等，还有些考生书写太乱，阅卷老师看不懂。第 22 题综合考查了平抛运动、动能定理等知识点，该题的突破口是斜面倾角 45 度，小球落在斜面时水平和竖直位移相等。第 23 题难点在于要自己假设小球运动的方向，确定所受洛伦兹力的方向。第 24 题第一问求对外界做功，可通过推导得出压强与变化体积的乘积，很多考生不知从何入手分析；第二问较容易，直接由热力学第一定律作答。第 25 题题意表述不清并且有错误，致使难度增大，其实该题是一道常规的考题，与复习丛书的例题和习题接近。该题目物理思维的长度和运用知识的综合度较高，考查的知识点多。第 26 题很灵活，要求考生有较好的分析能力和数学运算能力。因为屏幕的尺寸与幻灯片的尺寸不完全匹配，要通过计算确定放大倍数，然后通过公式计算出像距。第 27 题第一问考查斜面上物体的运动，这是必考知识点，难度中等；第二问运用动能定理解答比较容易，不建议用运动学方法；第三问要求有很好的数学运算能力，同时还考查了分析推理能力。第 28 题是电学实验题，前两问分别是连接电路和确定电压表的读数，只要掌握了串并联电路和闭合电路欧姆定律，本题可顺利作答；第三问是整份试卷的压轴题，对数学计算的能力要求非常高。

3. 解读新考纲

2012 年的两校联招入学考试使用新的考试大纲（2012—2015），现对新、旧考纲的知识点进行对比，希望对考生复习有所帮助。

表 3　新两校联招入学考试复习大纲中改变的主要内容

力学	牛顿定律的应用（删） 人造地球卫星的运动（限于圆轨道）改为天体运动（限于圆轨道） 简谐振动改为简谐振动及图像 闭合系统中能量转换的守恒关系：动能定理（增） 波的形成条件（增）
热学	物体的变化（增） （1）熔化和凝固 （2）汽化和液化 （3）熔化热、汽化热 （4）升华和凝华 气体的三大实验定律（增）

（续上表）

电磁学	示波管（删） 静电场中导体上的电场强度、电势以及电荷分布（删） 荷质比的测定（删） 点电荷的电场强度改为点电荷 电阻率，电阻率与温度的关系改为电阻定律 均匀的磁场对通电流的直导线的作用力改为安培力 闭合电路欧姆定律（增） 磁场的方向（增） 运动电荷在匀强磁场中的运动（限 v 垂直于 B 的情况）（增）
光学	光的直线传播（删） 杨氏双缝实验（定性），薄膜干涉（定性）（增）
原子物理学	核能，核的裂变，核的聚变（增）
实验	用描迹法画出电场中平面上的等势线（删） 练习使用示波器（删） 用电压表和电流表测电阻（增）

二、全国联招试卷分析

1. 试卷基本情况

对2011年的全国联招物理试卷分析如下：

表4　全国联招试卷中各部分内容所占分数统计表

	选择题（分）	实验题（分）	计算题（分）	合计（分）	比例（%）	考纲中规定的比例（%）
力学	24	6	20	50	33	34
电磁学	12	14	18	44	29	34
热学	4	0	20	24	16	12
光学	4	0	20	24	16	10
原子物理学	8	0	0	8	5	10
实验	0	24	0	24	16	未单独列出

2011年全国联招物理试卷满分为150分，考试时间为120分钟。由于采用了类似内地高考的答题卡、电脑阅卷，试卷结构有较大变化。试卷分为三部分，即单项选择题、实验题和计算题，不再采用往年选择题、普通题的形式。单项选择题共13题，每题4分，计52分，占35%；实验题共2题，24分，占16%。计算题均为必答题，取消了以往的选答题，共4题，74分，占49%。实验题分数增加，计算题分数减少，并根据难度设置每道计算题的分数。客观题与主观题的比例约为1∶2，与考试大纲中规定的比例2∶3有差距。

由表4可以看出，力学和电磁学为主要考查的内容，分数占整份试卷的62%。热学、光学、原子物理学为非主干内容，占37%，这部分题目以中等难度的题目为主，考生应认真复习，提高得分率。2011 年全国联招试题中增加了热学、光学、原子物理学的比重，减少了力学、电磁学的内容。有些电磁学的题目也考查了力学知识点，力学题目以电磁学为物理情境，例如第 3 题，主要考查弹性力、物体的平衡、弹簧振子、功、牛顿第二定律等力学知识点，也涉及匀强电场和电场力；第 17 题主要考查电磁学的洛伦兹力考点，但要运用力学的抛体运动知识。试题设计加强了与生产、生活、社会实践的联系，例如第 9 题，研究对象是血液中的红血球，其他题目的物理情境也是考生熟悉的。

实验题按惯例设计成填空题，分别是力学和电磁学实验题，为方便统计和便于比较，分数归在力学和电磁学内容中，表 4、表 5 将实验部分单独列出。

表 5　全国联招试卷知识点分布情况统计表

	考查知识点	选择题 题号（分数） 难易程度	实验题 题号（分数） 难易程度	计算题 题号（分数） 难易程度
力学	功率，位移和路程，图示法($s-v$ 图，$v-t$ 图)	1（4）中		
	弹性力，电场，物体的平衡，弹簧振子，功（牛顿第二定律）	3（4）难		
	弹簧振子，共点力作用下物体的平衡	5（4）中		
	落体和抛体运动，动量守恒定律	6（4）中		
	共点力作用下物体的平衡	9（4）中		
	万有引力定律，牛顿第二定律	13（4）易		
	验证动量守恒定律		14（10）中	
	匀变速运动，牛顿第二定律，动能			19（20）难
电磁学	变压器原理	7（4）难		
	电场线，电势差和电势，等势面，电场强度和电势差的关系（限于匀强电场）	8（4）难		
	楞次定律，均匀磁场对通电流的直导线的作用力，左手定则	10（4）难		
	用电压表和电流表测电阻		15（14）难	
	洛伦兹力，落体和抛体运动			17（18）难
热学	理想气体，普通气体恒量	11（4）易		
	理想气体，普通气体恒量，物体的内能，热力学第一定律			18（20）难
光学	透镜成像，作图法	2（4）中		
	光的折射，折射定律，全反射，临界角			16（16）中
原子物理学	天然放射现象，半衰期	4（4）易		
	氢原子的玻尔模型	12（4）中		
实验	验证动量守恒定律		14（10）中	
	用电压表和电流表测电阻		15（14）难	

试题中有些综合性题目考查不同章节的几个知识点，按照题目涉及的主要知识点进行分类列表。例如第 3、17 题。试卷重点考查了匀变速运动、牛顿第二定律、动能（定理）、动量守恒定律、物体的平衡、磁场对电流和带电粒子的作用、电阻测量等主干知识点。

从表 4 可以看出，试题内容与全国联招入学考试复习大纲基本吻合，热学部分有超纲现象，考纲中没有明确列出“理想气体状态方程”，但填空题第 11 题和计算题第 18 题考查了这个知识点。该知识点几乎是每年必考的内容，请考生注意。

2. 典型题目分析

第 1 ~ 13 题为单项选择题，以容易题和中等难度题为主。

第 1 题难度不大，根据 $v-t$ 图和功率的公式可得出结果。第 2 题要求熟练掌握透镜成像的作图方法和公式 $\frac{1}{u}+\frac{1}{v}=\frac{1}{f}$。第 3 题可采用牛顿第二定律或者能量守恒解答，由于电场力的参与，这个看似简单的弹簧振子复杂了。第 4 题是原子物理题，考查半衰期，由公式可直接算出答案，属于容易题。第 5 题难点是受力分析。第 6 题考查力学的重要知识点落体和抛体运动、动量守恒定律。变压器是必考知识点，第 7 题的难点在于次级线圈有两个，电压还跟匝数成正比，但电流公式有变化，$n_1I_1=n_2I_2+n_3I_3$。第 8 题要应用立体几何的知识，在平行四边形 *FHDB* 中可以证明 *FD* 是一条电场线，*F*、*B*、*H*、*D* 分别位于 1 V、2 V、3 V、4 V 的等势面上。第 9 题考查了流体力学的内容，考纲上未列出，但根据物体的平衡可以解答。第 10 题的难点在于回路中有电流，受直导体电流产生磁场的作用而运动，该题有创新，考生容易得出错误答案 D。第 11 题要应用理想气体状态方程解答，考纲未明确列出，只列出理想气体、普通气体恒量，请考生注意，这几乎是必考的考点。第 12 题考查氢原子玻尔模型的能级概念，这是近代物理的重要思想，由公式可计算出结果，难度中等。第 13 题较容易，应用力学的重要知识点万有引力定律和牛顿第二定律。

实验题就是往年普通题中的填空题。第 14 题超纲，考查实验“验证动量守恒定律”，这是考纲中未列出的实验。该题难度不大，考生主要是在表述上失分，例如将“水平”写成“平衡”，测量的端点写错，关系式的字母写错。

第 15 题考查了大家熟悉的实验，物理过程也不复杂，但是这四个空不容易填对，关键在于考生是否准确理解题意。

计算题均为必答题。第 16 题考查重要考点全反射、临界角和光的折射，是常规题目，难度不大。

第 17 题除了考查洛伦兹力和抛体运动还考查了平面几何的知识，难点在于得出圆心角为 30°，0.010 m 与圆周运动半径的关系。

第 18 题为热学题目，考生应充分重视热学内容，常考知识点应重点复习。该题物理过程较复杂，难点在于得出气体对外做功与体积变化的关系、内能增加与温度变化的关系，得分率较低。

第 19 题也是研究一个复杂的物理过程，考查的知识点多，突出思维的过程和能力，并且需要很强的数学运算能力，得分率非常低。

三、两校联招与全国联招考查的知识点对比

两校联招和全国联招入学考试复习大纲（物理）的知识点基本一致，个别章节有侧重，表 6 列举了两校联招新考纲（2012—2015）和全国联招考纲中知识点的差异。两份考纲考查内容基本一致，个别知识点有差异或表述不同。

表 6　两校联招新考纲与全国联招考纲的差异比较

	两校联招考纲中知识点	全国联招考纲中知识点
力学	参考系 波的形成条件	
		相对速度 斜抛运动 驻波
	力的合成与分解	矢量的加法，矢量的分解（限于二维）
	天体运动（限于圆轨道）	人造地球卫星的运动（限于圆轨道）
	闭合系统中能量转换的守恒关系：动能定理	动能
	简谐振动及图像	简谐振动
电磁学	匀强电场 磁场的方向 电流的磁效应 质谱仪（定性），回旋加速器（定性） 远距离电能的输送	
		导体，半导体，绝缘体 示波管 静电场中导体上的电场强度、电势以及电荷分布 电容器的串联和并联 荷质比的测定
	点电荷	点电荷的电场强度
	电阻定律	电阻率，电阻率与温度的关系改为电阻定律
	电源的电动势和内电阻，闭合电路欧姆定律	电源的电动势和内电阻
	均匀的磁场对通电流的直导线的作用力	安培力
	洛伦兹力，运动电荷在匀强磁场中的运动（限 v 垂直于 B 的情况）	洛伦兹力

（续上表）

	两校联招考纲中知识点	全国联招考纲中知识点
热学	物体的变化 ①熔化和凝固 ②汽化和液化 ③熔化热、汽化热 ④升华和凝华 第一类永动机是不可能的（定性） 能源的开发和利用，能源的利用与环境保护（定性）	
		热容量
	气体的三大实验定律，理想气体状态方程	普通气体恒量
光学	光导纤维（定性） 杨氏双缝实验（定性），薄膜干涉（定性） 爱因斯坦光电方程 激光的特性及应用（定性）	
		光的直线传播
原子物理学	放射性污染及防护（定性）	
	核反应方程，核能，核的裂变，核的聚变	核反应方程
实验	验证力的平行四边形定则 描绘小电珠的伏安特性曲线	用描迹法画出电场中平面上的等势线 学习使用变阻器 电流表改装成电压表 学习使用多用电表

四、复习建议

1．加强基础知识、基本概念的学习

基础知识、基本概念、基本方法的考查在两校联招和全国联招的试卷中占很大比重，也是解答综合题的基础。掌握了扎实的基础知识，才能有较强的理解能力，这是形成科学思维的正确途径。例如牛顿定律、匀变速直线运动、圆周运动、动能定理、机械能守恒定律、动量守恒定律、带电粒子在磁场中的运动、法拉第电磁感应定律、楞次定律、电阻的测量等都是考查的重点内容。

中学物理知识具有系统性，认真研修考试大纲，把握总复习的范围，建议在教师的指导下将知识结成网，形成知识体系，这样才能比较清楚地了解物理知识的全貌，从全局的高度掌握物理知识，运用物理知识，将知识转化为能力。

推荐使用回忆复习法，按照考纲的要求，将知识点一条一条在脑子里回忆，回忆完了再打开书，看看回忆得怎么样。回忆复习法是进行系统复习的有效方法。

精选习题很重要，训练知识点和方法要有的放矢，难度要针对自己的实际情况，建议以中等难度的题目为主。避免出现偏离考纲、脱离教材、拼命抠难题，避免陷入茫茫无边的题海中。考生如果把容易的基本题、多数的中档题、较容易的计算题答对，就可以得到理想的分数。

2．强化实验能力和素养的提高

物理学是一门实验科学，因而联招考试把对学生实验能力的考查放在重要位置。物理实验是多数考生的薄弱环节。实验是一种全面的综合能力，包括实际操作技能、处理实际问题的本领、准确的测量、数据分析、严密的推理和清晰的表达，实验能力的提高对于学生的终生发展大有益处。两校联招和全国联招中实验题的设计多是以规定的学生实验为背景加以适当的变化，目的是考查学生对实验原理的理解和灵活运用的水平。复习时应重点掌握考纲规定实验中实验仪器的使用方法、实验原理和实验操作步骤，这是完成实验题的基本要求，也是灵活设计实验的基础。

3．培养利用数学知识解决物理问题的能力

运用数学知识解决物理问题的能力是重点考查的能力之一，要求考生根据具体问题列出物理量之间的关系式，进行推导、运算和求解，根据结果得出物理结论，绝大部分考生该能力有待加强。有些考生能列出解题所需要的方程，但无法推导出所求物理量的表达式或解出最后结果。复习时要加强数学推导和运算能力、实验数据处理方法、有效数字表达的训练，加强数形结合、运用图像解题的能力。

严格规范答题，用科学术语准确表达物理概念、物理过程和物理规律，减少无谓失分。很多考生因为不写公式、直接代入数据计算、缺少单位、文字表达不准确而失分。计算题要有必要的文字说明，公式的写法要规范，尤其对于不同研究对象或状态应有不同的脚标，要注重情景分析，矢量式要注意正负号的意义，物理量是矢量的要注意方向。

4．重视分析综合能力的训练

难度较高的题目通常设计一些新的情境，是课本和教学参考书中很难看到的，通常是由多个基本的物理模型综合而成。复习时要加强对物理状态、过程、情境的分析，培养综合分析问题的能力和创新能力。物理是一门具有方法论的科学，复习时必须关注各种方法的渗透，如“整体法”、“极限法”、“图像法”、“正交分解法”、“隔离法”、“控制变量法”、“反证法”等。

物理的综合题考查频率较高的内容是：牛顿运动定律与圆周运动和万有引力定律综合；动量守恒、能量转化与直线运动或平抛运动综合；带电粒子在匀强磁场中的运动问题；带电粒子在电场中的加速和偏转；电磁感应现象与电路计算综合，等等。

5．关注最新科技进展和社会热点

物理知识与现代科技和日常生活密切相关，应用物理知识可以解决生活中的很多实际问题。热点问题和生活中的现象常常是考查能力的创新性题目。例如，光导纤维可以考查光学全反射、临界角等知识点。宇宙飞船、月球探测器可以与圆周运动、动量守恒、万有引力等结合，设计成综合题，这类题目新颖、巧妙，有一定难度和区分度。

五、2012 年试题预测

1．2012 年两校联招试题预测

2012 年两校联招物理试题结构、考查知识点的分布将与 2011 年的试题接近，试题难度会降低。三道必做计算题中力学、电磁学各一题，还有一道是光学或热学题。四道选做计算题分别是一道力学题、一道电学题，如果必做题有热学题，则选做题有光学或原子物理学题目，另外一道选做题是实验题，可能会考查力学实验。

重点考查知识点预测：①力学：动能定理、牛顿第二定律、机械能守恒定律、动量守恒定律、匀变速直线运动、平抛运动；②电磁学：洛伦兹力、均匀磁场对通电流的直导线的作用力、变压器原理、带电粒子在匀强电场中的运动、电阻的串联和并联、电功和电功率、法拉第电磁感应定律；③热学：理想气体状态方程、热力学第一定律；④光学：全反射、临界角、光的干涉和衍射；⑤原子物理学：核反应方程、质能关系式、放射性同位素、半衰期、氢原子的玻尔模型。

2．2012 年全国联招试题预测

2012 年全国联招物理试题将保持一贯风格，难度较高、计算量大、综合性强。试题结构和知识点分布与 2011 年试题接近。可能会有一道电容器串联、并联的题目。

重点考查知识点预测：①力学：抛体运动、能量守恒、动量守恒、动能定理、牛顿第二定律、万有引力定律；②电磁学：洛伦兹力、均匀磁场对通电流的直导线的作用力、变压器、电容、电源的电动势和内电阻；③热学：理想气体状态方程、热力学第一定律；④光学：全反射、临界角；⑤原子物理学：氢原子的玻尔模型、核反应方程。

（执笔：李莹）

化 学

暨南大学华文学院预科部综合教研室

一、两校联招试卷分析

1. 试卷结构

2011 年与 2010 年（A、B 卷）化学试卷结构的比较（见表 1）。

表 1

	2011 年	2010 年（A 卷）	2010 年（B 卷）
选择题	20 题，每题 3 分，共 60 分，占 40.0%	20 题，每题 3 分，共 60 分，占 40.0%	20 题，每题 3 分，共 60 分，占 40.0%
填空题	3 题，共 15 分，占 10.0%	3 题，共 18 分，占 12%	4 题，共 22 分，占 14.7%
问答题	4 题，共 45 分，占 30.0%	5 题，共 42 分，占 28%	4 题，共 38 分，占 25.3%
计算题	3 选 2 题，共 30 分，占 20.0%	3 选 2 题，共 30 分，占 20.0%	3 选 2 题，共 30 分，占 20.0%
总分	150	150	150

2. 试卷内容（考点分布）

表 2 是根据试题中涉及的知识点进行统计的，有重复。如化学实验与元素化合物、化学计算与化学概念、化学计算与基本原理等等。

表 2

	2011 年（题型和分值）	2010 年（A 卷）（题型和分值）
化学基本概念定律	化学用语；溶液、溶解度、溶质的质量分数、物质的量浓度；质量守恒定律 （选择题、计算题，共 36 分）	化学用语、元素、原子和分子的概念；物质的量、气体摩尔体积；溶液、溶解度、溶质的质量分数、物质的量浓度 （选择题、计算题，共 30 分）
原子结构元素周期律	原子的组成、结构、电子排布； 元素周期表的结构和周期律； 氢化物的稳定性、最高价氧化物的水化物的酸碱性； 化学键、分子的极性 （选择题、问答题，共 17 分）	原子的组成、结构、电子排布； 元素周期表的结构、元素周期律； 化学键、电子式 （选择题、问答题，共 15 分）

（续上表）

	2011 年（题型和分值）	2010 年（A 卷）（题型和分值）
化学反应与能量变化 化学反应速率和化学平衡	反应热的概念 热化学方程式的写法和意义； 化学反应速率的概念及计算； 化学平衡及平衡浓度计算 （选择题、计算题，共 16 分）	化学反应速率的影响因素，化学平衡的判断 （选择题，共 3 分）
水溶液中离子浓度及溶液的 pH 值	酸碱中和、离子方程式； pH 的意义和计算； 盐类水解 （选择题、填空题，共 5 分）	离子共存、离子方程式； pH 的意义和计算； 酸碱指示剂，盐类水解 （选择题、问答题，共 14 分）
电化学 氧化还原反应	电解原理及电解方程式； 氧化剂、还原剂的概念； 化学方程式的配平 （选择题、计算题，共 16 分）	氧化数、氧化还原的概念、电解原理、电极反应式；离子放电与金属活泼性的关系 （选择题，共 9 分）
元素化合物	氢气、氧气、一氧化碳、二氧化碳等气体的性质和用途； 碳酸的正盐和酸式盐的性质及相互转化； 亚硫酸盐的还原性； 铝离子的水解、氢氧化铝受热分解 （选择题、填空题、问答题，共 29 分）	常见气体 Cl_2、NH_3、CO、CO_2、SO_2 的性质和用途； 氨水、HNO_3、H_2SO_4 的性质； Ca^{2+}、Mg^{2+}、SO_4^{2-} 等离子的性质和检验 （选择题、填空题、问答题，共 32 分）
有机化学	同分异构体的概念； 甲烷、乙烯、乙炔、苯、乙醇、乙醛、乙酸、乙酸乙酯、苯酚等基本有机物的性质 （选择题、问答题，共 40 分）	有机物、同系物、同分异构体的概念； 有机反应的基本类型（取代、消去、加成），醇、醛、酸、酮的性质及转化 （选择题、填空题、问答题，共 33 分）
化学实验	分离和提纯物质的方法； 常用仪器的使用； 综合实验：一氧化碳还原氧化铁；制备纯净、干燥的气体，气体检验及尾气处理，仪器（药品）的连接顺序 （选择题、填空题、问答题，共 27 分）	基本的实验操作； 常用仪器的使用； 常见气体的制备、检验、收集方法； 实验室里常用药品的存放； 粗盐提纯，离子检验方法 （选择题、填空题、问答题，共 25 分）
化学计算	综合计算：物质的质量、物质的量、物质的量浓度、溶质的质量分数； 化学反应速率与化学平衡的各种反应物浓度的计算； 根据方程式的计算 （选择题、计算题，共 33 分）	综合计算：物质的质量、物质的量、物质的量浓度、溶质的质量分数； 根据方程式的计算； 混合物的计算 （计算题，共 30 分）

3. 试题特点

①试卷结构、难度和考点分布基本保持稳定；②知识覆盖面比较广；③选择题以考查基础知识为主；④填空题量和难度降低；⑤问答题占比重增加，灵活性增强，有一定的难度；⑥试卷中考查有关基本概念和基础理论知识占总分的60%；⑦实验题主要考查基本实验仪器的使用方法，气体的制备、检验、收集、除杂质、性质，离子的检验等；⑧综合计算题主要考查混合物的计算，关于物质的量、气体摩尔体积的计算，物质的量浓度与溶质的质量分数的计算，关于化学反应速率和化学平衡的浓度计算，混合物的计算等。

二、全国联招试卷分析

1. 试卷结构

表 3

2011 年	2010 年
选择题 1~18，每题 3 分， 共 54 分，占 36.0% 解答题 19，共 10 分，占 6.7% 解答题 20，共 18 分，占 12.0% 解答题 21，共 9 分，占 6.0% 解答题 22，共 18 分，占 12.0% 解答题 23，共 21 分，占 14.0% 计算题 24，共 10 分，占 6.7% 计算题 25，共 10 分，占 6.7% 总分　150	选择题 1~18，每题 3 分， 共 54 分，占 36.0% 解答题 19，共 12 分，占 8.0% 解答题 20，共 12 分，占 8.0% 解答题 21，共 16 分，占 10.7% 解答题 22，共 18 分，占 12.0% 解答题 23，共 18 分，占 12.0% 计算题 24~25（2 题选 1 题）， 共 10 分，占 6.7% 计算题 26~27（2 题选 1 题）， 共 10 分，占 6.7% 总分　150

2. 试卷内容（考点分布）

表 4 是根据题目中涉及的知识点进行统计的，有重复。如化学实验与元素化合物、化学计算与化学概念、化学计算与基本原理等等。

表 4

	2011 年	2010 年
化学基本概念定律	物质的分类； 物质的量和摩尔质量、气体摩尔体积；溶液、溶解度、溶质的质量分数、物质的量浓度 （选择题和计算题，共 29 分）	质量守恒定律；物质的量和摩尔质量、气体摩尔体积；溶液、溶解度、溶质的质量分数、物质的量浓度 （选择题和计算题，共 29 分）

（续上表）

	2011 年	2010 年
原子结构 元素周期律	元素周期表的结构和周期律； 原子结构和化学性质； 化学键、结构式和电子式； 晶体的类型、结构和性质 （选择题和解答题，共 33 分）	元素周期表和元素周期律； 原子结构和分子结构； 化学键和分子的极性 （选择题和解答题，共 21 分）
化学反应与能量变化 化学反应速率和化学平衡	反应热和热化学方程式的写法和意义； 化学反应速率及影响因素； 化学平衡及反应物转化率的计算 （选择题，共 9 分）	化学反应速率及其影响因素； 化学反应速率与反应方程式的系数关系； 化学平衡的判断及反应物转化率的计算 （选择题和解答题，共 19 分）
水溶液中离子浓度及溶液的 pH 值	酸碱中和、离子方程式； 水溶液中离子共存； 酸、碱和盐在水中的溶解性； pH 的意义； 复分解反应和盐类水解 （选择题和解答题，共 16 分）	弱电解质的电离平衡及影响因素； 水溶液中离子共存、离子方程式； pH 的意义和计算； 酸碱指示剂； 复分解反应和盐类水解 （选择题和解答题，共 12 分）
电化学 氧化还原反应	电解原理及电解方程式； 氧化剂、还原剂的概念； 根据氧化还原反应方程式的计算 （选择题，共 9 分）	电解原理、电极反应式 （选择题，共 3 分）
元素化合物	常见阳离子和阴离子的性质及检验方法； 氯气及含氯化合物的性质； 钠及其化合物的性质，碱金属的性质 （选择题和解答题，共 25 分）	常见酸、碱和盐的性质； 金属活动性顺序，金属单质与盐溶液的置换反应； 碳酸的正盐和酸式盐的性质 （选择题和解答题，共 33 分）
有机化学	同分异构体和官能团的概念； 常见的烃类及其衍生物的主要性质； 有机物分子式的计算 （选择题和解答题，共 33 分）	同分异构体和官能团的概念； 有机物分子组成通式； 醇、酸和酯等有机物之间的相互转化； 有机物分子式的计算 （选择题、解答题和计算题，共 34 分）
化学实验	分离和提纯物质的方法； 物质的检验方法； 酸、碱、盐在水中的溶解性 （解答题，共 18 分）	制备纯净物质所需仪器（药品）的连接顺序； 物质（酸、碱和盐）的检验 （选择题和解答题，共 42 分）

（续上表）

	2011 年	2010 年
化学计算	综合计算： 物质的质量、物质的量、气体摩尔体积之间的计算； 物质的量浓度、溶质的质量分数和离子浓度的计算； 根据方程式的计算； 有机物分子式的计算； 混合物的计算 （选择题、解答题和计算题，共 33 分）	综合计算： 物质的质量、物质的量、气体摩尔体积之间的计算； 物质的量浓度、溶质的质量分数和离子浓度的计算； 根据方程式的计算； 有机物分子式的计算； 混合物的计算 （选择题和解答题，共 34 分）

3．试题特点

①试卷结构和考点分布保持稳定；②试题知识覆盖面较大；③试题与生活、科学、技术有一定的联系；④解答题目的难度和题量有一定的增加，2011 年试题较 2010 年试题难度略降低；⑤考查有关基本概念和基础原理的知识点占总分的 64%；⑥综合计算题主要考查混合物的计算，关于物质的量、气体摩尔体积的计算，物质的量浓度与溶质的质量分数的计算，有机物分子式的计算；⑦实验题目以物质的检验和物质的鉴别居多，重点考查考生对知识的应用能力；⑧2011 年化学试卷中的计算题均为必做题，首次采用网上阅卷。

三、复习建议

1．熟悉考纲，夯实基础

通过对近年的联招考试试卷分析可知，试题严格按照考试大纲要求命题。试题考查的知识面比较全面，但以考查基本知识和基本技能为主。这就要求考生在复习应考时，应熟读考试大纲所规定的考试内容，对课文一定要全面、认真、仔细地阅读，注意每一个细节，不能忽略任何一点。我们在阅卷中发现，有的考生在化学式、结构简式、元素符号、化学方程式、离子方程式的书写等问题上失分比较严重，例如，2011 年两校联招试题中的硫酸铁的化学式，一些考生错写成 $FeSO_4$，硫化氢的化学式错写成 HS，氧气的化学式错写成 O、O^{2-}，电解硫酸铜溶液的离子方程式错写成 $2Cu^{2+} + 4OH^- \xlongequal{} O_2 + 2Cu + 2H_2O$ 等，这说明考生的化学基本功还是有较大的差距。所以，考生应熟悉考试大纲，熟练掌握化学基本概念和原理，夯实基础，不搞偏题怪题，要时时刻刻抓规范的落实，不能只停留在口头表达，要具体落实在书写上，打好基础是取得优秀成绩的保证。

2. 重视实验，锻炼操作

化学实验是考查的重点内容，通过实验操作能锻炼学生的动手能力和运用知识的能力。考生中实验题目失分最多，如实验装置的作用、仪器的连接顺序、常用仪器的使用方法、物质的分离过程和方法等都是失分点。所以，考生在复习应考过程中，应重视化学实验的学习，注意观察实验过程和每一个细节，要亲自动手做实验，锻炼操作，分析实验结果，并能对结果作出合理的解释，使理论知识与化学实验有机结合起来，实践出真知。

3. 强化训练，拓展提高

学生思维能力的培养关键在平时的训练，新课程的探究学习，就是开阔学生思维的重要方式，2011 年的化学问答题对考生的思维能力要求很高，试题对思维的广度和深度有所加强，这就要求考生在平时的学习过程中，加强综合思维能力的训练，在注重基础的前提下，选择一些逻辑思维性强的、有一定挑战性的问题来锻炼自己，激发自我探究意识，以提高自己的学习能力和学习水平。

（执笔：李志红）

生 物

暨南大学华文学院预科部综合教研室

两校联招生物试题是为了考查学生在基础学习和专题复习过程中对生物学基础知识、基本技能的掌握情况，选拔优秀学生进入暨南大学、华侨大学进一步深造。2011 年的两校联招考试已经完成，为了利于境外生参加 2012 年的两校联合招生考试，使考生能够有针对性地进行复习应考，我们对 2009、2010 和 2011 三年的两校联招考试试题在试卷结构、考点分布、试题特点等方面作了比较和分析。

一、试题保持稳定

2011 年两校联招考试体现了考试大纲中“以能力测试为主，考查学生基本知识、基本技能的掌握程度，以及运用这些知识分析和解决实际问题的能力”的指导思想，整套试题中没有偏题、怪题，有利于考生正常发挥。2011 年两校联招生物试题在试卷结构、题型、设问和试题编排形式方面趋于稳定。全卷分为三道大题，第一道大题为选择题，共 30 个小题，每小题 2 分，共 60 分；第二道大题为判断题，共 10 个小题，每小题 2 分，共 20 分；第三道大题为综合简答题，共 7 个小题，共 70 分。总分为 150 分。考试时间为 120 分钟，闭卷独立完成。

二、试题覆盖章节及分值

2011 年两校联招生物试题全部考查的是考试说明中的主干知识，命题围绕着生物学科的主干知识、核心知识做文章，每道题都有一定的综合性，但又不超出考试说明所规定的考试范围和考试要求，引导教学回归教材。试题中知识点的分布、所占分数和比重如表 1 所示：

表 1　2011 年两校联招生物试题覆盖章节及分值、比重

相关章节	选择题	判断题	综合简答题	分值	比重（%）
第一章　细胞学	14	3	3	28 + 6 + 28	41. 3
第二章　遗传和变异	6	2	2	12 + 4 + 24	26. 7
第三章　生物与环境	2	1	1	4 + 2 + 10	10. 7
第四章　人体生理	8	4	1	16 + 8 + 8	21. 3
第五章　生物起源进化与微生物	0	0	0	0	0

三、命题特点

2010 年和 2011 年的两校联招生物试题严格遵守考试大纲的要求，试卷结构和考点分布基本保持不变，试题难度也相当。2011 年的试题沿承了 2010 年的风格，注重基础知识的考查，知识覆盖面较广，同时又具有以下特点：

1．以考主干知识为主

2011 年的两校联招生物试题出题的范围、内容更加靠近预科部编写的《暨南大学、华侨大学联合招收港澳台、海外华侨、华人及其他外籍学生考试复习丛书·生物》，从试题在各章节中所占的比重可以看出，试题以考查学科主干知识为主，其中以细胞学、遗传和变异、生物与环境、人体生理所占比重较大。由于细胞学、遗传和变异、生物与环境、人体生理是生物学的重要内容，因此这些章节比重较大是符合大纲要求的。从表 1 可以看出，在题量和分值上，试卷侧重第一章“细胞学”，特别是其中的细胞代谢和细胞分裂两节内容。另外第二章“遗传和变异”和第三章“生物与环境”所占分值也较重。第五章今年没出任何题，所占分值是历年两校联招生物试卷中最低的。

对比 2009 年、2010 年和 2011 年各相关章节分值及比重（见表 2）可以看出，2009 年与 2011 年各章节比重相似，与 2010 年相比第一章细胞学和第四章人体生理的分值和比重有显著的提高，但这不能作为判断 2012 年两校联招试题的出题规律，只能说明第一章、第二章和第四章在出题时占有比较重要的分量，且第一章和第二章分值上趋向于平衡。

表 2　2009、2010 和 2011 年两校联招生物试题各相关章节分值及比重

相关章节	2009 年		2010 年		2011 年	
	分值	比重（%）	分值 A 卷/B 卷	比重（%） A 卷/B 卷	分值	比重（%）
第一章　细胞学	66	44	39/36	26/24	62	41.3
第二章　遗传和变异	32	21.3	53/60	35/40	40	26.7
第三章　生物与环境	17	11.4	34/28	22.7/19	16	10.7
第四章　人体生理	27	18	24/24	16/16	32	21.3
第五章　生物起源进化与微生物	8	5.3	0/2	0/1	0	0

2．充分体现考试大纲的能力要求

具体包括以下几方面：

（1）能应用学过的知识和专业术语，正确阐述基本的生物学现象、概念、方法和原理。

2011 年的两校联招题仍然重视学生对知识的归纳，如简答题第 1 题，要求学生归纳各消化器官对营养物质的吸收情况。

（2）重视能力和素质考查，命题由“以知识立意”为主转向“以能力立意”为主，并与生产实际相联系。

如简答题第 10 题，联系到人类面临的能源危机，可再生能源的开发，各种能源如太阳能、风能、潮汐能、生物质能的利用，考查学生对于光合作用知识的掌握，既考查了学生的知识基础，也考查了学生的分析问题能力，还让学生觉得学有所用，所学知识与实际生活密切相关。

（3）正确理解、分析生物学中以图表、图解等表达的内容和意义，并能用图表等多种表达形式准确地描述生物学现象。理解生物体的结构与功能、部分与整体及生物与环境的关系。

如简答题中的第 2 题和第 5 题，要求学生结合图，回答出相应的问题。这就要求学生会看图，明白图中所给的信息，结合所学知识点，作出正确的回答。

从以上的特点可以看出，2011 年两校联招生物试卷仍然坚持了注重基础知识，强调考查灵活运用所学知识的能力，说明生物学教学应该让学生牢固掌握基础知识，在此基础上培养学生对基础知识灵活运用的能力。还要求对图表能正确理解并表述。

四、备考策略

根据 2011 年两校联招生物试题的特点以及多年的高考复习教学经验，提出以下 2012 年两校联招生物科备考策略：

1．紧扣教材，夯实基础

夯实基础是提高综合能力的前提，没有扎实深厚的基础知识，解题效率、综合能力就不可能提高。从前三年两校联招生物试题来看，考试内容紧扣教材，注重基础，没有超纲题、偏题、怪题，没超出现行教材，基础性强，试题面貌比较熟悉，难度降低。因此，从试题命题导向给出的信息看，复习必须以教材为本，不脱离教材，步步夯实教材基础知识是关键，不迷信课本以外的东西，不搞题海战术，不追求学科间的综合。

2．挖掘内在联系，形成知识网络

多层次、多角度地理解和把握基础知识点，构建知识体系，是贯穿整个复习过程的主线。对知识体系的构建要通过师生共同努力，做到网络化、立体开放化和学生自身化。教师以每节考点知识为起点或平台，联系穿插相关章节的内容，使知识结构合理化，让学生在消化记忆中构建知识框架，这种通过教师的引导，由个人融会各章节内容而完成的知识网络，便于迅速准确地提取信息、处理信息，科学地解决问题。近几年来，两校联招试题注重考查学生对基本知识的掌握和理解，基本上没有偏题和难题。也就是说学生只要熟练掌握好考纲所要求的知识，就应该可以取得比较理想的成绩，而不需要去钻难题和怪题。但学生在考试的时候往往由于紧张，或本身对知识的掌握不够牢固，有些学生哪怕是比较基础的题都不知道如何下笔，遇到多个知识点相联系的题目就更不知所措。所以，建议学生在复习时应把所学知识构成网络图，不但要注意每一章节内知识之间的网络联系，还要建立不同章节之间的知识网络联系。这样既有助于帮助学生快速、准确地提取相关知识，又有助于学生建立起知识之间的联系，在考试中就可以应对自如。

3．加强训练，注重理科素养的培养

生物作为一门理科课程，考生在学习时要有意识地培养自己的抽象思维能力，培养自己获得新知识的能力，图文信息转换的能力，运用所学知识解决实际问题的能力，语言、图表表达能力，逻辑思维能力。这些能力都是理科学生必备的素养。2011 年两校联招试题就体现了对学生这些能力的要求。所以学生在备考中应加强这方面的训练，以便提高解题能力和解题效率，取得更好的成绩。

（执笔：何红卫）